三流シェフ

三 國 清 三

幻冬舎文庫

三流シェフ

構成　石川拓治

はじめに

東京四谷の住宅街に「オテル・ドゥ・ミクニ」を開業したのは一九八五年、今から三十七年前のことだ。

友人の多くが反対した。近所に一軒の飲食店もない、夜は真っ暗な住宅街にフランス料理店を開業するなんて。しかも駐車場もないときている。お客さんが入るわけないだろう、と。

ぼくは住宅街の奥まった場所にあったその建物を、ひとめで気に入った。控えめだが温かみのある洋館。敷地内の樹木のたたずまいもいい。

周囲には他にも立派な屋敷があった。その住宅には、それだけではないなにか特別な雰囲気があった。そこで暮らす方の人柄さえ偲ばれるような。もしここが料理店だったら、間違いなくおいしいものが食べられそうだ。

ぼくがずっと探していたのはこれだと思った。窓に灯りが見えたので、迷わず玄関の呼び鈴を押した。

「この家を貸してくれませんか？」

訪問の理由を伝えると、出迎えてくれたその家の主人は目を丸くした。私たちが住んでいるのをわかっていて、君はそれを頼むの、と。

人が住んでいるからこそ訪ねたのだ。誰も住んでいない空き家だったら、呼び鈴を鳴らしたりはしない。さすがのぼくでも。人がいるから交渉できるんじゃないか。

普通の人は、そういうことをしないのだろうか。

「面白いことを言うね、君は」

家の主人は無下には断らなかった。

「それで、ここを借りて君はなにがしたいの？」

「フランス料理です」

ぼくがそう答えると、ちょっと考え込んだ。

「なるほど。私たち家族も毎年正月は志摩観光ホテルに泊まって、高橋忠之シェフの料理を食べるのを楽しみにしてる。君はああいう料理を作るの？」

「いえ、あんな古臭い料理はやりません。ぼくのは最先端のフランス料理です」

大先輩であり芸術家とまでいわれた人の料理を「古臭い」と言ったのは、ぼくの気負いだ。ぼくは三十歳前で、まだ何者でもなかった。貯金もなければ、家もない。あるのは当時のヨーロッパで最高のレストランで積んだ八年間の経験と、自分の料理の腕に対する根拠のない自信だけ。つまり若気の至りというやつだ。まして毎年三重まで食べに行くという料理を貶《けな》したのだから、その場で断られても仕方がない。

けれどその家の主人は寛大だった。

「わかった。今日はもう遅い。来週にでも詳しい話を聞こう」

ぼくの幸運は、そこが彼のセカンドハウスだったことだ。本宅は大田区雪谷の高級住宅街にあった。ぼくが訪ねたその洋館は、近所の学習院初等科に通っていたお子さんたちと日本舞踊をされる奥様の稽古場のために建てた家だった。

一週間後、忘れもしない渋谷のＮＨＫの裏の喫茶店でお会いして返事をもらった。彼はＮＨＫの報道局に勤めていた。

「いろいろ考えたけど、あなたに貸してもいい。ただし八年間だけ。八年後にはなにも言わずに出てくれると約束するなら貸しましょう」

こうして「オテル・ドゥ・ミクニ」は、東京の片隅で産声を上げることになる。

貯金ゼロでなぜ開業できたのか、それは後ほど語ろう。友人たちの予想通り、最初の半年はお客さんがほとんど入らなかった。それがなぜここまでやってこられたのかという話も。それどころか八年後には返すはずだったその建物を買い取り、店を拡張して、気がつけば人生の半分以上をこの店と過ごしてきた。

いろいろなことがあった。

たくさんのお客様に来ていただいた。総数はざっと三十万人を超える。国内はもとより海外からも、たくさんのお客様に来ていただいた。ゲストブックに名を連ねていただいた各界の著名人の職業をあげればきりがない。歌手、俳優、芸術家、作家、科学者、政治家、各国元首、閣僚、大使、海外アーティスト……。ハリウッドスターのお名前だけでもかなり長いリストになる。

けれどなにより誇りたいのは、最初の半年間は別にして、三十七年間途切れることなくお客様をお迎えできたことだ。

ここ数年のパンデミック騒ぎを経ても、それは変わらなかった。十分な距離をとるためにテーブルの数を減らしたり、いろいろな対策に協力していただいたりと、ご不便をおかけしたことはあったけれど、それでもお客様たちは以前と変わりなく足を運んでくださった。今現在も。四谷の街から人影が消える日曜日のランチでさえ、席は埋まっている。

楽しそうに料理を食べている気配は、厨房にいても伝わってくる。太陽の光にきらめく海のような、その海からの心地よい風のような、客席のさざめきを聞きながら料理を作っている時間が、ぼくはなによりも好きだ。

料理店というものは、お客様に育てていただくものだと思う。料理を作るのはぼくたち料理人だけれど、謙遜ではなく、お店を育てるのはお客様たちなのだと心から思う。親から子、孫へと何代にもわたって通ってくださる常連の方たちも、今日初めていらした若いお客様も。

お客様たちがいたからこそ、ここまで料理人を続けることができた。

皿の上に僕がある。かつてぼくはそう言った。

でもずっと皿の上にいられたのは、お客様がいてくださったからだ。

そういう意味で、「オテル・ドゥ・ミクニ」はぼくだけの店ではない。ましてこれだけの歳月を続けてきたからには。ぼくの知らないいくつもの思い出、いくつもの物語が、この店のあちこちに宿っている。

それはよくわかっている。

わかった上で、ぼくはある決断をした。

二〇二二年の暮れ、ぼくは「オテル・ドゥ・ミクニ」を閉店する。

一九八五年から二〇二二年。

店の歴史を書くとしたら、そう記されることになるだろう。

三十七年。長かったし、一瞬でもあった。

あと三年で四十年。少々きりの良くない数字になるのには理由がある。

店は終わるけれど、料理人を引退するつもりはない。

料理人として心の底で温めていた夢を実現するために、ぼくは閉店を決めたのだ。三年間は、その準備期間だ。

三年後のぼくは七十歳。

どんな夢をかなえようというのか。

その夢の話をするために、この本を書き始めた。

話は半世紀以上昔に遡る。

ぼくは北海道の貧しい漁師の子だった。

目次

第一章　小学校二年生の漁師

子犬が親犬の後をついて歩くように、幼いぼくは無心に父の姿を見ていた

料理人という職業を知ったのは小学生の頃だ。

北海道の日本海側に、増毛《ましけ》という漁師町がある。昔は陸の孤島と呼ばれた。高い断崖が続く雄冬岬《おふゆみさき》に阻まれて、海伝いの海路でしか到達できなかった僻地だ。

父はその町の漁師だった。

実家の目の前は日本海だ。朱文別《しゅもんべつ》の入り江が目と鼻の先で、父は浜から手漕ぎの小舟を出して漁をしていた。

この父に、幼いぼくはよく連れ回されたらしい。父は無類の酒好きで、その酒の席にも連れていかれた。酔った父が誰かに咎《とが》められたとき、ぼくが猛然と怒って大人相手に食ってかかったという話を、姉から聞いたことがある。

父は三男坊で、ぼくも三男坊だ。上に兄二人と姉二人、下に弟が二人いる。その七人の中で、酒の席に伴われたのも、父の船に乗せられたのもぼくだけだった。三男坊同士、気が合ったのかもしれない。

実を言えば、その頃の自分の感情が思い出せない。父をどう思っていたか、どんな話をしたかも、ほとんど憶《おぼ》えていない。無口で身体の大きな人だった。漁の腕は確かで、農耕馬も巧みに操る人だった。田や畑仕事は主に母の役割だったが、母の手に余る力仕事は父が黙々とこなしていた。記憶にあるのは働く父の姿だけだ。子犬が親犬の後をついて歩くように、幼いぼくはただ無心に父の姿を見ていたのだろう。

夕方近く父は沖に船を出して刺し網を仕掛けた。翌日の明け方、網を引き揚げると魚やエビがたくさんかかっていた。入り江の海底には海藻が茂り、昆布も採れれば、アワビもウニもタコも獲れた。片手で櫂を器用に操りながら、網を流したり、引き揚げたりしている父の横で手伝うのがぼくの仕事だった。小学二年生くらいから、毎日のように父と一緒に船に乗っていた。増毛の海は豊かだった。

もっとも海が豊かでも、手漕ぎ舟では漁獲はたかが知れている。

小学校の高学年になると、魚市場に売りに行くのも、ぼくの役目になった。一斗缶にウニやアワビを詰めて、朝六時半の汽車で市場に運ぶ。現在は廃線になってしまったが、当時は留萌《るもい》駅から終点の増毛駅まで鉄道が通っていた。その沿線の舎熊《しゃぐま》駅まで一斗缶を背負って歩いた。吹雪《ふぶ》くと道は雪で埋まる。汽車の走る線路の上だけは雪がない。吹雪の日は凍えながら線路の上を歩いた。

市場は留萌にあった。その留萌の魚市場で、背負ってきた魚を大人に混じって競りにかけた。競りは面白かった。少しでも高い値段がつくように、大きなウニをいちばん上に盛ったりするわけだ。小さいのは下の方にうまいこと隠して。子どもの知恵だが、これが案外通用した。「やっ！」。品物を買ったオジサンさんが悔しそうな声を上げる。「また、三國の坊主にやられた！」。

料理店に持ち込むことを憶えたのもあの頃だ。

時化《しけ》でアワビが一つか二つしか獲れなかったことがある。大きなアワビだったから諦めきれずに市場に持ち込んだが、数が少なくて競りにかけられないと断られた。

行きは鉄道だが、その日の帰りはバスだった。バス停の裏に食堂があって、ぼくはその食堂の母さんたちと仲が良かった。……というか、ぼくはいつでもどこでも誰とでも、すぐ仲良しになる。人と仲良くなるのと物怖《ものお》じしないのだけは、ぼくの特技みたいなもので、それはこの頃からずっとそうだった。

それで食堂の母さんに、

「このアワビ売れなかった。こんなデカいのに。どしたらいいべ」

と愚痴をこぼしたら、

「キヨミちゃん、料理屋さんに持ってってごらん」

と教えてくれた。

道を聞きながら辿り着いた料理屋は、雪まみれの小学生には敷居が高かった。

正面から入るのは気が引けたので、裏に回ったら戸があった。

なにも考えずにその戸を開けたら厨房だった。あの光景は今も忘れない。冬の寒い日だったから、あったかい湯気と、えもいわれぬうまそうな匂いが溢れ出した。揃いの白衣を着た料理人たちが、動きを止めて全員こっちを見ていた。ぼくが突然戸を開けたもんだから。

いちばん偉そうな人が、咎めるように言った。

「なんだ、お前」

ぼくは一斗缶を背中から下ろした。

「アワビがあるんだけど、買ってもらえねべか」

なんとか話を聞いてもらおうと、ぼくはとっさに嘘をついた。

「母さんが寝込んでて……、これ売らないと家に帰れないんです」

ぼくがそう言うと、その人は怪訝《けげん》そうな顔を引っ込めて、一斗缶から取り出したアワビを見てくれた。「待ってろ」と言って、奥の電話で市場に相場を問い合わせ、かなりいい値段で引き取ってくれた。

「大きいのが獲れたら、また持ってこい」

それからは時々、一斗缶を担いで料理屋に行くようになった。

アワビでもウニでもモノが良ければ料理屋に直接持って行った方が高く買ってくれると知ったからだが、理由はそれだけではなかった。裏口から覗く厨房は別世界だった。出汁を炊くいい匂い、きびきびと立ち働く料理人たち。

憧れというには不確かだ。それで料理人になりたいと思ったわけでもない。

ただ料理人という職業を、あのときぼくは初めて意識した。

食堂の気のいい母さんたちも料理を作ってはいたけれど、厨房で働く料理人たちはなんだか颯爽《さっそう》としてかっこよかった。


小学校にも行かず、毎日のように海に出るのがあたりまえだった

留萌に八幡屋《やはたや》というデパートがあった。

その建物を初めて見た日は肝を潰した。なにしろ四階建てだ。しかも屋上まであって上れるという。エレベーターに乗るときは、宇宙にでも行くみたいな気分だった。

屋上は子どもの遊べる小さな遊園地になっていて、小銭を入れて遊ぶ乗り物やゲームが置いてあった。そういうものに興味は湧かなかったが、ソフトクリームスタンドは別だった。

ウニやアワビが思ったより高く売れた日は、八幡屋の屋上に上ってソフトクリームを舐めた。あの嬉しさは、今もはっきり憶えている。ぼくが憶えている限りでは、あの時代のほとんど唯一の楽しい思い出だ。ソフトクリームが食べたいばっかりに、一斗缶をかついでいた気さえする。

二人の兄と二人の姉は、中学を卒業すると家を出て町で働いた。だから小学校高学年くらいから、ぼくが兄や姉にかわって二人の弟の面倒を見た。

母は毎朝暗いうちから畑に出てしまう。白いご飯と味噌汁だけは作っておいてくれた。弟たちを起こし朝ご飯を食べさせていると、ご飯だけ弁当箱に詰めて学校に行くのがやっとだった。

だからぼくのアルミの弁当箱には、白いご飯しか入っていなかった。

卵焼きだのシャケの切り身だの、友だちみたいなおかずは何ひとつ入っていない。白米だけの弁当を開けるのが恥ずかしくて、弁当はたいてい小学校の庭の片隅で独りで食べた。家に帰れば腹を空かせた弟たちに、母のやり方を思い出しながら、とうもろこしを茹でてやったり、じゃがいもを煮てやったり。

父親の手伝いのほかにもやらなきゃいけないことが山ほどあったから、学校帰りに友だちと遊んだ記憶もほとんどない。

そもそもその学校にしても、父親の手伝いがあって毎日は行けない。学校に行った日より、父と海に出ていた日の方が多かった。今なら問題になりそうだが、先生も大らかなもので、漁の忙しい時期に学校に顔を出すと、「大丈夫か、今日は父さんの手伝いしなくていいのか」と心配されたくらいだ。

うちくらい貧乏な家は小学校でももう珍しくなっていたけれど、戦中戦後のあの苦しかった時代を大人たちはまだ憶えていた。だからぼくに親身に接してくれる大人がたくさんいた。食堂の母さんたちも、ウニを買ってくれた料理長も、たぶんそういう人だった。あの人たちはぼくに優しかった。

ぼくの子ども時代は、日本人の生活が大きく変わった時代でもある。全国の一般家庭に家電製品が普及した。

洗濯機に冷蔵庫にテレビ。三種の神器というやつだ。

我が家の暮らしはそういう便利な道具とは無縁だった。

炊事洗濯はもちろん、船を漕ぐのも、畑を耕すのも、荷物を運ぶのもすべて人力。電気だけは通っていたけど、裸電球を灯《とも》すくらい。

時代は昭和でも、暮らし方は江戸時代と大差なかった。

親たちは一年中働き詰めだった。自給自足、自然の恵みで生きる。といえばなんだか理想の暮らしみたいだけれど、実際にそれをやるには四六時中なにかしら手を動かしていなきゃいけない。米の一粒だって、田に苗を植え、稲を育て、稲刈りして、干して、脱穀して、籾《もみ》摺《す》りして、精米して……。食卓に乗せるまでにどれだけ時間と手間がかかることか。人力頼りの半農半漁の自給自足生活は、生易しいものではない。

そういう親の姿を見ていたから、学校にも行かずに毎日のように海に出るのはあたりまえだった。父の手伝いは自分や家族の命に直結していた。

食べ物がなければ人は生きられない。

それにくらべたら、学校の勉強など遊びだった。

遊びみたいなものだから、たまに学校に行ける日は嬉しかった。

教室では先生に指されたくて、いつも「ハイ！　ハイ！」と大声で手を挙げた。休んでばかりで勉強は遅れているから、答えなんてちっともわからない。

けれどそんなことはおかまいなしだった。祭囃子《まつりばやし》の掛け声みたいな調子で、「ハイ！　ハイ！」と自信たっぷりに手を挙げた。

万が一指されたら「わがらね」とうなだれるしかなかった。

父はニシンの闇取引で借金をし、借金のカタに家屋敷まで奪われた

子ども心に、自分の家が貧しいことはわかっていた。

中学校を卒業して家を出ると、他所《よそ》の町で住み込みで働いていた姉たちは、働いて得た収入をそっくり家に送っていたそうだ。十五歳で働きに出て、二十歳過ぎで結婚するまでずっと。住み込みでご飯は食べさせてくれたから、なんとかなったと姉は言う。ただ働き先で給料の前借りをするのだけは恥ずかしかった、と。お金が必要になったから送ってくれと、親に頼まれたことが何度かあったそうだ。

父はかなりの借金を抱えていたらしい。ニシンがらみの借金だ。正規のルートではなく、闇で大量のニシンを何度か売り買いした挙句に、大金を騙し取られたという話を大人になって姉から聞いた。

増毛の漁師にとって、ニシンは特別な魚だ。

そもそも増毛という地名もニシンと関わりがある。

増毛はアイヌの言葉でマシュケ、海鳥の来る場所という意味だ。

かつて増毛の浜には、毎年春になるとニシンの群れが押し寄せた。浅瀬の海藻に産卵するためだ。ただの群れではない。

なにしろ見渡す限りの海がニシンで盛り上がる。群れの寄せる音は地響きをたてて浜を揺らし、雄の撒き散らす白子で海全体が白く濁る。そのニシンを追う海鳥の群れで空は陰るほどだった。それで増毛になったらしい。

ニシンの大群が浜に寄せることを群来《くき》という。

群来がどんな有様だったかを、ぼくは作詞家なかにし礼さんの小説で読んだ。

少しだけ引用する。

> 沖の海で海猫が舞っている。無数の海猫がミャーミャーと鳴きながら海面すれすれに飛び交っている。まだ明けやらぬ空の下で海はふたたびミルクを流したように白く染まり、もくもくと蠢いていた。
>
> 海猫が空に散った。
>
> 「兄さん、ニシンだよ。ニシンが来るよ」
>
> 私は兄の肩をゆすって叫んだ。

兄は立ち上がった。

栄治は兄の肩を抱いて叫ぶ。

「来る。ほら、こっちへ向かって来る。こんどこそマーちゃん、おめえのニシンだ！」

銀色の小山がうねりながら打ち寄せてくる。

ニシンの鱗《うろこ》がきらきらと海の中で光る。

また地鳴りだ。

「兄さん、来るよ、こっちに向かって来るよ」

私は恐怖に足がすくんでいた。

「来い！　来い！　来い！　来い！」

兄はさっきの倍の声を出して叫んだ。

ニシンの群は幅百メートルもあろうかという大きな白銀の波となって迫ってきた。来る、来る、まっすぐ来る。物凄《ものすご》い地鳴りだ。まるで地震だ。立っていられない。

『兄弟』
なかにし礼著　新潮文庫

『兄弟』はなかにしさんが、十四歳離れた兄との長年の確執を書いた自伝的小説だ。敗戦後に満州から命からがら引き揚げ、母親と姉とともに身を寄せていた小樽《おたる》の祖母の家を、戦死したとばかり思っていた特攻隊崩れの兄さんが訪ねて来る。

なかにしさんは当時、小学二年生だった。そのなかにしさんの兄さんが、網元から大金で権利を買ってニシン漁に賭ける。浜に寄せるニシンの群れを沖に浮かべたニシン船の網で一網打尽にするのだ。群来に当たれば、一晩で目も眩《くら》むほどの莫大な金が転がり込む。

増毛の海岸線には、群来の到来する浜が延々と続いている。ニシン漁の権利は何軒かの網元が独占していたのだけれど、なかにしさんが子どもだったこの時代、網元たちは浜ごとに権利を細かく分割して日割りで売っていたらしい。増毛の長い海岸線が百ヶ所余りに分けられていて、なかにしさんの兄さんは、そのうちの一ヶ所の権利を網元から三日間だけ買って勝負に出た。

ニシンの群れがどの浜を選ぶかは運次第だ。三日の間に群来がなければ、権利を買うのに積んだ大金は泡と消える。漁というより大博打《おおばくち》だ。

なかにしさんの兄さんは、その大金を高利貸しから借りた。一家が身を寄せる祖母の家を強引に抵当に入れたのだ。賭けに負ければ、家族全員が路頭に迷う。

引用したのは、浜に寄せるニシンの大群に兄弟が歓喜する場面だ。

実を言うと、なかにしさんの兄さんが三日間だけ権利を買ったその浜こそ、ぼくの実家の目の前の朱文別の浜なのだ。

群来が地響きをたてて迫り、なかにしさんが恐怖に足をすくませていた浜から、ぼくと父は毎日のように小舟を漕ぎ出していた。

朱文別の浜は砂浜ではない。小指の先くらいの小石から、漬物石になりそうな大きな石まで、水で削られて滑らかになった大小さまざまの玉砂利でできた石の浜だ。それが普通と思っていたけれど、むしろ貴重だと知ったのはだいぶ後になってからだ。

なかにしさんの小説を読んでいて、朱文別という地名がいきなり出てきたときのぼくの驚きは、どれだけ説明しても伝わらないだろう。ぼくが生まれ育ったあんななんでもない場所が、昭和の大作詞家の運命の場所だったとは。

ただし、なかにしさんが朱文別の玉砂利の浜に立っていたのは、ぼくが生まれる十年くらい前のことだ。なかにしさんの時代は、ニシンの大群が産卵のために北海道の日本海沿岸に寄せた最後の時代だった。

増毛はニシンで潤った町だ。

ニシンの莫大な水揚げが、増毛の経済を潤した。網元たちの立派な屋敷は鰊御殿《にしんごてん》とよばれ、海岸線には大きな鰊番屋が点在していた。

群来の季節には、本州からヤン衆という出稼ぎの漁師たちが大挙して増毛にやって来た。漁師たちが飲むのは、地酒の「国稀《くにまれ》」と決まっていた。

ちなみに明治十五年創業の国稀酒造は、日本最北端の酒蔵として知られている。今も続く国稀酒造の蔵の造りや創業者本間《ほんま》家の贅をつくした邸宅を見れば、当時の増毛の莫大な富が想像できる。初代の本間泰蔵《たいぞう》は佐渡の出身で、小樽で呉服屋の番頭をしていた。その人が増毛に酒蔵を創業したのも、増毛が酒の大消費地だったからだ。

ニシンが富をもたらした。群来は海の金塊だ。鰊漁が盛んだった時代の増毛は西部劇のゴールドラッシュの町みたいなものだった。

そのニシン景気が、なかにしさんの時代には終わろうとしていた。網元が権利を切り売りしていたのはその兆候だ。ニシンの水揚げが博打のように不安定になっていたから、網元たちは権利を売ったのだろう。

ニシンの群れは昭和二十年代を境にやって来なくなる。新聞によれば北海道最後の群来は一九五四年四月五日。その四ヶ月後、群来の消えた年にぼくは生まれた。

親父は網元の生まれだった。今で言えば漁業経営者。大勢の網子を使って鰊漁をしていた家だった。戦争中は中国大陸で戦って、勲章をいくつも貰ったそうだ。戦争で勲章をもらうのがどういうことか考えれば、あんまり誇れた話ではないが、親父は三國家自慢の息子だったらしい。

それがなぜ闇取引に手を出したのか。

親父から話を聞いたことがないので、ぼくは想像するしかない。その想像が、どうしてもなかにしさんの兄さんの話と重なる。

なかにし家も、戦前は満州でも指折りの富豪だったそうだ。その家は戦争で失われた。なかにしさんの兄さんは戦争に出征し、心に傷を負って復員し、戦後はさまざまな事業に手を出した。事業というより、博打に近い危ない橋を渡った。その最初が、朱文別での三日限りの鰊漁だった。その大博打に負けて、なかにし家の人々は長く苦しい戦後生活を運命づけられる。なかにしさんの兄さんは、その元凶だった。

ぼくの親父もそうだ。悪く言うのは気がひけるが、それが偽らざる事実だ。

ニシンの闇取引のために借金をし、借金のカタに家屋敷まで奪われ、朱文別の借家に身を寄せた。その家でぼくは生まれた。母方の親戚の家だと聞いていたが、朱文別の網元から借りた家だということを最近知った。半農半漁の借家住まいで、借金を抱えていたら生活が苦しいのはあたりまえだ。

ぼくの子ども時代は高度経済成長期の真っ只中だ。時代の追い風を受けて、貧しい人も真っ当に働いてさえいれば、生活水準が自然に向上していった時代だ。ニシンの群れが来なくなって、増毛の町はかつての繁栄を失ったが、それでも我が家のように困窮する家は珍しかった。闇取引などに手を出さなければ、借金を背負うこともなかったし、手漕ぎの小舟で漁をすることもなかった。娘に仕送りをさせることもなかったろうし、兄たちも弟たちも中学校卒業と同時に世間の荒波に揉まれることはなかっただろう。

なかにしさんの兄さんは、その後も危ない橋を渡り、十四歳も歳の離れた弟であるなかにしさんに何十年間も尻拭いをさせ続け、苦しめ続ける。その兄さんが亡くなったとき、なかにしさんは心から喜んだという。その気持ちを忘れたくなくて、なかにしさんは『兄弟』という小説を書いたのだそうだ。

ただ、兄がいかにひどい人だったかを書いたはずの小説なのに、読んでいるとその行間に、なかにしさんの兄弟愛が透けて見える。やっているのは言語道断のひどい仕打ちで、弁護の余地などどこにもないのに、どこかでこの弟は兄の気持ちを理解しようとしている。

その気持ちがわかる気がする。

父は家族に手を上げるような人ではなかったし、普段は真面目で腕のいい漁師だった。その反動のように、酒に溺れた。家計が逼迫《ひっぱく》し、妻にも子どもたちにも苦労させているのは百も承知のはずなのに。

そして四年に一度はなにか馬鹿なことをやらかしたらしい。

悪い人ではなかったと、当時の父を知る人は言う。「ただ、あの人は山師《やまし》だったから」と。

闇取引の他に、父がどんな馬鹿をやらかしたのか詳しくはわからない。家で収穫した米も、魚の売上も、全部どこかの誰かにやってしまったりしたそうだ。どういう理由があったか知らないが、そんなことがなければ、家族の暮らしはもう少し楽だったに違いない。人から嘲《あざけ》られるのは当然だし、弁解の余地があるはずがない。とはいえ、父にはそうせざるを得ない無念があったんじゃないか、とも思う。

毎日明け方から起きてコツコツ働いて、働いて。どんなに地道に働いても、少しも楽にならない生活に、四年に一度くらいは嫌気がさしたのだろう。

なかにしさんの兄さんが戦前の豊かな暮らしを忘れられなかったように、父も浜が群来で湧いていた時代を忘れられなかったのかもしれない。


オレンジ色に輝くような身を頬張ると、海の香りと深い旨味が口に広がった

もっともそれは、大人の今になって思うことだ。

なんでうちは貧乏なのか。なんで自分はこんなに働かなきゃいけないのかと、親を恨んだ記憶はない。友だちを羨ましいと思った記憶さえない。物心つかないうちからずっとそうだったから。毎日働く以外の暮らしなんて知らなかった。

食べ物だってそうだ。喉が渇けば、畑のトマトをもいで食べた。まだ青くたって関係ない。赤く熟すのなんて待ってられない。食べたいのは今なのだ。なるべく大きいのを選んで、シャツの袖でこすってかぶりつく。口の中にあふれる汁は、青臭くてほろ苦かった。どういうわけか赤く熟したトマトより、青いトマトばかり食べていた気がする。ぼくにとってのトマトの味は、あの青臭い若いトマトの味だ。

船の上で腹が空けば、刺し網から外したエビの殻を剥いて口に放り込む。ウニの殻を割り、甘みの濃い卵巣を指先ですくって啜《すす》る。冬の浜で焚き火にあたりながら、ウニを焼いて食べることもあった。ウニを一斗缶に詰めて、そのまま焚き火にくべるのだ。火の通った熱々のウニは、生とはまた違う甘さがあった。そんな風にして海で獲れたものはなんでも食べた。タコ、イカ、ボタンエビ、シマエビ、甘エビ、ニシン、サケ、アイナメ、カレイ、ヒラメ、ソイ……。あの頃食べていた魚を数えあげればきりがない。それもさっきまで生きていた新鮮な魚ばかりだ。

今考えればご馳走だが、子どものぼくにはただのありふれた日常の食べ物でしかなかった。毎日働くのがあたりまえだったように、腹が減ったらなんでも目の前にあるものを食べていただけだ。

時化の翌朝は、父と浜を歩いた。嵐で海藻だの魚だのが浜に打ち上げられている。アザラシが上がっていることもある。そういうものを拾って歩くのだ。刺し網にはかからないホヤもよく転がっていた。海底のホヤが浜にあるのだから、海はよほど荒れたのだ。小刀でごつごつした殻に切れ目を入れると、目にも鮮やかなホヤの身が現れる。オレンジ色に輝くようなその身を頬張ると、海の香りと深い旨味が口に広がる。ぼくはホヤが大好きだった。

ホヤには、甘味、塩味、酸味、苦味、そして旨味。味の基本要素のすべてが含まれている。癖のある通好みの酒の肴だ。子どもの頃からそんなものを食べていたら、嫌でも味覚は鍛えられる。後の自分の仕事を考えれば、学校で勉強するよりもはるかに重要なことをあの生活から学んでいた。

けれど、子どもはそんなこと知らない。

毎日をひたすら生きていただけだ。我慢強かったわけでも、心になにか期することがあったわけでもない。将来に夢を抱いたり、不安を感じたこともない。生きるだけで精一杯だった。そんな余計なことを考える暇はなかった。

中学を卒業して就職するのは、教室にはぼくともう一人しかいなかった。他は全員高校に進学する。そういう時代になっていた。札幌の米屋に住み込みで働くことが決まり、明日は家を出るという日に、母が言った。

「キヨミ、おまえには学歴はないけど、志はみんな平等なんだからね」

無口でめったに話さない父の一言も記憶に残っている。冬の大荒れの海で、ぼくが凍えながら船を漕いでいるときに父から教えられた。

「大波が来たら逃げるな。船の真正面からぶつかってけ」

逃げようとして、波を横腹に受ければ船は沈む。大波が来たら、舳先《へさき》を真っ直ぐ波に向けて思い切り漕ぐしかない、と。

その後の人生で、何度も両親の言葉を思い出した。

Avec amour et
gratitude
1

実家前の朱文別の浜で。父と乗った手漕ぎ舟では
人生で大切なことを学んだ。前列の一番左がぼく。

第二章　黒いハンバーグ

「キヨミ、黒いキノコは採るな。毒がある」。母は確かにそう言っていた

もう一人だけ、ぼくと同じ境遇の男がいた。ツシマ君だ。

中学三年になって、受験の話がちらほら聞こえてくるようになると、ぼくらは不安になった。中学を卒業したら、みんな高校に進学するらしい。

増毛には地元の誇り、道立増毛高等学校があった。レスリング部は何度も全国制覇を果たし全国的にも名を知られていた。メルボルンオリンピックで金メダルを受賞した池田《いけだ》三男《みつお》さんをはじめ、ＯＢにはオリンピック選手が何人もいた。

その地元の高校を目指す友だちが多かったけど、留萌や道央の高校を受験する子も何人かいた。ぼくら二人はそういう話を、遠い世界の話のように聞いていた。

「お前、どうすんだ」

学校帰りにツシマ君と話した。

「どうするって、高校なんか行かせてもらえねえ」

「俺もだ」

中学を卒業してなにをするかなんて、それまで考えたこともなかった。他の友だちのように高校へ行きたい気持ちは山々だ。だけど家の事情を考えたら、親に相談するまでもなく不可能なのははっきりしていた。四人の兄姉は全員中卒で、とっくの昔に働きに出ていた。

「なんとかなんないかな」

「なんともなんねえべ」

世間を知らない中学生には、額を寄せて話し合ってもなんの知恵も湧かなかった。最後の頼みは、担任のカイドウ先生だけだった。

「高校には行きたいんだ。だけどお金なかったら、無理ですよね」

最初から諦め気味な相談になった。先生に相談しようが、どうにかなる問題でないことは中学生でも薄々わかっていた。

「うーん、そうだなあ……」

先生は腕を組み考え込んでしまった。ぼくらの家の事情はよく知っていた。

「あ、ちょっと待てお前ら。札幌の米屋さんから、住み込み従業員の募集が来てるんだ。住み込みで飯は食わせてくれる。給料も出る。仕事は夕方には終わるみたいだから、その後、夜間の専修学校に行けるように頼んでやる。高校ではないけど、勉強はできるぞ。やってみるか?」

光明がさしたとはあのことだ。冬の曇り空が頭の上で割れて、日の光がさしたみたいだった。ぼくとツシマ君の進路はそれで決まった。

佐藤米穀店は、南十六条西六丁目にあった。

札幌は途方もない町だった。留萌の八幡屋デパートにも魂消《たまげ》たが、札幌はそんなものではなかった。あの程度の建物ならたぶん何百もあるだろう。

これが道かと驚くほど幅の広い道路が、碁盤の目のように縦横に通っている。交差点に立つと、縦横に延々と伸びる道路の終わりが見えない。その道路にはバスだのトラックだの自家用車だの、朱文別で一年間に見たよりたくさんの車が目の前を通り過ぎていく。近くに路面電車の停車場まであった。

二人の兄が札幌で働いていたから話に聞いてはいたが、自分の目で見るまではこれほどとは思わなかった。これが都会というものだ。

その都会を、自転車で走り回った。ごっつい鉄の荷台に、大きな米袋を何袋もくくりつけて。佐藤米穀店でのぼくとツシマ君の仕事は米の配達だった。

七〇年代初めのあの時代、スーパーマーケットだの宅配だのは今みたいに発達していなかった。米は米屋が配達するのが普通だった。一般家庭にも運んだし、飲食店にも運ぶ。米屋はいつも忙しかった。

荷台の米は何十キロにもなった。それを朝から夕方まで、佐藤米穀店と何軒もの得意先の間を行ったり来たりしながら運んだ。重労働だが、一斗缶を担いで吹雪の中を歩くことにくらべたらなんともない。

それに、仕事が終われば学校が待っていた。

鶴岡学園北海道栄養短期大学併設の別科調理専修夜間部。専修学校だから中学卒業資格でも入学できた。夜間部なので期限は一年半だった。

高校卒の資格はもらえないが、とにかく学校に行けるのが嬉しかった。一年半通えば調理師免許も取れるらしい。

その初日。米屋の配達を終えると、ぼくは唯一の正装に身を固め、大張り切りで登校した。

いや、笑われた、笑われた。

鶴岡学園の創設者は、北海道栄養学校の母と謳《うた》われた鶴岡トシ。創設時は北海道女子栄養学校だった。後に共学になったが、キャンパスにはそもそも女性が多い。

すれ違う女学生がみんなぼくを見てくすくす笑う。

なぜ笑うんだろう。見回すと、学生服を着ている人なんて一人もいなかった。

夜間部の教室ではさらに笑われた。夜間部は調理師免許取得が目的の社会人がほとんどだ。中学時代の詰襟の学生服を着て意気揚々と机に向かうぼくが、よほどおかしかったのだろう。

それでもめげずに学生服で通した。他にまともな服もなかったから。どんな勉強をしたかは思い出せない。座学が多かったことを朧《おぼろ》げに憶えている。

それでもあの学校に行ったのは大きかった。

行かなかったら、ぼくの人生はたぶん違うものになっていた。

これはずっと後になって知ったことだけど、夜間学校の学費は母方の叔母が支払ってくれていた。義務教育とは違うから、入学するにも授業を受けるにも当然費用がかかる。実家にそんな金はなかった。札幌で働けば学校に行けると張り切っているぼくのために、おそらく母が頼んだのだろう。叔母の払った学費は、ぼくに内緒で兄姉たちが、少しずつ月賦で返してくれたらしい。そんなことも知らず、家を出た後は、誰の世話にもならず独りで生きてきたつもりでいた。兄姉には頭が上がらない。

佐藤米穀店の生活は楽しかった。

潮の匂いがしないかわり、都会には刺激があった。自転車を漕いで走り回っているだけでも、見るもの聞くものに好奇心が湧いた。得意先のお客さん方にも可愛がられた。増毛から出てきたと話すと、みんな目を丸くした。

保温できる電気炊飯器が世の中に出始めた時代で、佐藤米穀店でも売り始めた。親父さんが一つ売るごとに五千円くれるというので、お得意さんを回っては保温電気炊飯器がどんなに便利かを切々と話した。売りに売った。喋るのだけは昔から得意なのだ。中学校の弁論大会では北海道大会で二位になったくらいだ。店でいちばんたくさん保温電気炊飯器を売ったのは、間違いなくぼくだった。

一日の仕事終わりに高校のグラウンド横に自転車を停めて一休みするのが、いつもの日課だった。佐藤米穀店のすぐ近くに、北海道札幌南高等学校があった。道内一の進学校だ。汗を拭いながら、高校生がテニスをするのを眺める。男女のテニス部員たちの掛け声や楽しそうな笑い声がグラウンドに響いている。それが嫌でも耳に入る。

いや、それが聞きたいばかりに、自転車を停めたのだ。そうしていると、自分も高校生の輪の中にいるようだった。胸のあたりがチクチクした。ほんとうなら自分も高校一年生だ。高校に行っていたら、あんな毎日を過ごしていたのだろうか。自分があの中の一人だったら、どんな未来があっただろう――。

もっとも感傷にひたれるのは、わずかな時間だ。

一息ついたら、すぐに店に戻らないといけない。店の向かいに丸元《まるげん》という仕出し屋があった。その仕出し屋に米を運んでようやくその日の仕事が終わる。大きな仕出し屋だから、毎日大量の米を使うのだ。

仕事が終わったら、急いで夕食を食べて学校に行く。苦学生は忙しかった。

その夕食が楽しみだった。米穀店のお嬢さんが作ってくれた。栄養士の資格を持っている人で、食卓にはいつもハイカラな料理が並んだ。

料理らしい料理を食べたのは、あれが初めての経験だった。実家の料理は、魚を焼くとか芋を煮るとか、元がなんだかわかるものばかりだったが、一見してなにから作ったのかわからないものがたくさんあった。

いちばんの衝撃はハンバーグだ。

肉料理と言われたけど、こんな肉は見たことがなかった。

ぼくの知っている肉は、札幌に出ていた兄が土産に買ってくるジンギスカンだ。羊の肉をタレに漬け込んだ、北海道民なら誰でも知っているあのジンギスカン。

正月には兄も姉も家に帰ってくる。家族全員揃ったためでたい席で、ジンギスカンを食べるのが我が家の恒例の行事だった。

一年に一回、肉を食べる機会はそれくらいしかなかった。

あれが肉というものだ。薄切りにされていても、肉の原型はとどめている。ところが目の前のハンバーグなる食べ物は、その肉らしさがどこにもない。こんな丸い形をした柔らかい肉は、動物のいったいどこの部分なのだろう。

知らないものを食べると、たいてい腹を壊す。見知らぬ食べ物を警戒するのは子どもの本能だ。おそるおそる箸でつつきながら、どうしても変なことを考える。

ハンバーグには黒っぽいソースがかかっていた。

魚でも肉でも野菜でも、自然の中に黒い食物は少ない。例外はキノコだ。そして黒いキノコには毒がある。いや、ほんとにそうかどうかは知らない。母の教えだ。

秋になると、母と実家の裏山に入ってキノコ採りをした。「キヨミ、黒いキノコは採るな。毒がある」。母は確かにそう言っていた。

これは毒じゃないのか。なんだってお嬢さんは毒を食べさせるのか。親父さんが不景気だと言っていたから、まさか人減らしをしようっていうんじゃ……。

途方もない妄想まで膨らませながら、食卓を囲む仲間たちを盗み見ると、みんなあたりまえのようにハンバーグを食べている。

空腹と好奇心に負けて、箸の先でひとかけらだけつまんで口に入れた。甘酸っぱい味がした。肉はびっくりするほど柔らかい。肉汁の旨さと、香ばしい甘酸っぱさが口の中で混ざる。今までの人生では味わったことのない、なんともいえない不思議な絶妙な味だった。こんな食い物が世の中にあったとは。肉を細かく刻んだミンチも、ドミグラスソースもぼくはまだ知らなかった。思わず声が出た。

毒と疑ったことなどすっかり忘れ、「旨《う》め、旨め」を連発していた。「こんな旨めえもん、生まれてから一度も食ったことない」とまで褒めたものだから、お嬢さんはたぶん照れ隠しにこう言った。

「これは家庭のハンバーグ。グランドホテルのハンバーグはこんなもんじゃない。キヨミちゃんが食べたら、それこそ腰抜かすよ」

それがグランドホテルを知った最初だった。

札幌グランドホテル。天皇陛下も泊まる、正真正銘の皇室御用達。札幌市民の誰もが認める、北海道で最も格式の高いホテルだ。

お嬢さんからそう聞いて、その瞬間に腹が決まった。

夜間学校を出た後の自分の将来がわからなかった。自分がこれからなにをしたらいいのかわからなかった。そのもやもやが晴れた。

ぼくはグランドホテルのコックになって、日本一のハンバーグを作る。

鼻を膨らませて宣言すると、お嬢さんは気の毒そうな顔をした。

「でもねえキヨミちゃん、グランドホテルは中卒じゃ雇ってくれないと思うよ」

街の洋食屋でも、おいしいハンバーグを出すところはいくらでもある。そういう店なら頑張ればきっと入れてくれるんでないのと、お嬢さんがなだめようとした。

そんなこと言われたもんだから、なおさら気持ちがつのった。

グランドホテルでコックになろうと心に決めたら、南高の生徒たちを遠くから眺めるときの、なんとも言えない寂しさが消えた。あの高校生たちの前にある輝くような未来は、自分の前にも開けていると知った。さっきまで名前も知らなかった札幌グランドホテルは、今や人生の目標になった。

グランドホテルじゃなきゃ駄目なのだ。

問題は、中卒のぼくがどうやってそこに入るかだ。


青木さんはぼくを追い出さなかった。机に呼んで、黙って話を聞いてくれた

お嬢さんの言う通り、グランドホテルの就職試験を受けるには高卒以上の資格が必要だった。そればっかりは、どうにもこうにもならなかった。

人生にはどうにもならないことがある。

どうにもならないとわかったら、さっさと別の道を探した方がいい。

どちらかといえば、ぼくはそう考える。それは海で身につけた生きる知恵だ。現実は容赦ない。どんなに船が出したくても、海が荒れたら諦めるしかない。その判断ができなければ、命を落とすだけだ。

札幌グランドホテルも諦めるしかないはずなのだが、どういうわけかあのときは諦められなかった。

不可能なのはわかっていた。

だけど、どこかに抜け道はあるはずだ。

自分は絶対にグランドホテルで働ける。

なんとかなる。

ぼくの勘がそう告げていた。

鶴岡学園調理専修夜間部の卒業記念行事で、テーブルマナーの実地研修をすることになった。その会場が、なんと札幌グランドホテルだった。

十六歳の子どもに札幌グランドホテルの敷居はあまりにも高い。だからお嬢さんに話を聞いて人生最大の目標と心に決めてからも、前を素通りしながら横目で見たことはあっても、一度も中には入らなかった。いや、入れなかった。

たとえ入ったところで、なにをすればコックに雇ってもらえるだろう。あの厳《いか》めしそうなドアマンに頼んでみたところで、放り出されるに決まっている。十六歳にもなればそれくらいはわかった。

研修となれば話は違う。正面玄関から堂々とホテルに入れるのだ。中に入ってしまえば、やれることはあるはずだ。

ぼくの心の中に、ある計画が浮かんだ。

大した計画ではない。だけど絶対に上手くいく。

諦めかけたグランドホテルが、いきなり目の前に迫る大波になった。親父の教えを実行するときだった。

テーブルマナーの実地研修でなにをしたのかは、まったく憶えていない。

ナプキンはどうするとか、目の前に置かれた何本ものフォークやナイフを、どういう順番で使い、食べ終えたらどう皿に置くのかとか。おそらくグランドホテルの宴会場で、そんな話を聞きながら、料理を何皿か食べたのだと思う。フォークとナイフで食事をするのが、晴れがましかった時代の話だ。

今も鮮明に憶えているのは、その後のことだ。

研修の最後に、ホテルの人が厨房を案内してくれることになった。グランドホテルには、和食、中華、洋食と、専門のレストランがあった。ホテルの人の後にぞろぞろとくっついて、それぞれの厨房を回って説明を受けるのだが、ぼくは話を聞くふりをしながら、すこしずつみんなから遅れて、列の最後尾についた。

目的は洋食の厨房だ。ハンバーグを作っているのは、たぶんそこだろうと見当をつけた。ハンバーグを出していたのは実際にはカフェ部門で、洋食厨房でハンバーグは作っていなかったから見当外れだったのだが、それはまあいい。

目指す厨房まで来たとき、最後尾にいたぼくは隙を見てすっとステンレスの調理台の陰にしゃがみこんだ。

ホテルの人の説明が終わり、他のみんながぞろぞろと厨房を出ていく。

ぼくは自分の心臓の音を聞きながらじっと息をひそめていた。厨房は静かで、コックが何人か残っているだけだった。調理台に隠れながら、必死で動きを観察した。

どの人がいちばん偉いか見極めなきゃいけなかった。

大波には真正面からぶつかるしかない。相手が下っ端なら、ぼくは即座につまみ出されるだろう。直談判《じかだんぱん》する相手は、権限のあるいちばん偉い人と決めていた。

奥の冷蔵室の側に小さな机があって、そこに一人だけ背広姿の人が、背中をこちらに向けて座っていた。肩幅の広い人だった。

注意して見ていると、冷蔵室になにかを取りに行く他のコックが、すぐ前を通った方が近道なのに、その人を避けるように後ろを回っていた。

誰に話すべきか見当がついた。深く息を吐いて調理台を離れ、一歩足を前に出したところで、その人がくるりとこちらを振り向いた。

「君、そこでなにやってんだ」

まっすぐにこちらを見ていた。その眼光に負けないように、下を向いてしまわないように、夢中で睨み返した。

「ここで働かせてください」

大きな声でそう言って、頭を下げた。

その人の名を、青木《あおき》靖男《やすお》という。

当時三十二歳。肩書きは、西洋料理部課長代理。

ぼくには知る由もなかったが、大阪で前年開催されたばかりの万国博覧会のスイスパビリオンに派遣されて料理の腕を振るい、札幌に戻ったばかりだった。父親の青木小太郎《こたろう》氏は天皇の料理番といわれた秋山徳蔵《あきやまとくぞう》の直弟子で、札幌グランドホテルの初代総料理長だった人だ。ぼくは正しい人に声をかけたわけだ。

青木さんはぼくを追い出さなかった。机に呼んで、黙って話を聞いてくれた。

夢中で喋った。

厨房見学をさせてもらった学生であること。増毛の漁師の三男坊で、今は札幌の米屋で働きながら、夜間学校で料理の勉強をしていること。生まれて初めてハンバーグを食べて、どうしても札幌グランドホテルのコックになりたいと思ったこと……。

なんとかこのホテルに入れてくださいと、さっきよりも深く頭を下げると、青木さんがようやく口を開いた。

「君は何歳だ？」

「十六になりました」

青木さんは言った。

「君は若くてよく知らないんだろうが、この厨房に入りたい人間はたくさんいる。俺の親方の総料理長の机には履歴書が山と積まれてる。その履歴書も、みんな誰かの紹介で送ってきてるんだ。おいそれと入れるものじゃない。君は誰かの紹介状でもあるのか。増毛の町長さんとか、中学校の校長先生とか。顔になって、お前を繋《つな》げてくれる人はいないのか？」

誰もいませんと、首を振るしかなかった。青木さんは、そうかと呟《つぶや》いて、また黙ってしまった。ぼくも黙ったら、話はそこで終わる。言葉を探した。

「なんとかここで働かせてもらえませんか。体力には自信があります。なんでもやります。増毛は留萌線の終着駅です。後ろにはなんにもない。ぼくも同じです。ぼくには後ろがない。ぼくは前に進むしかない。自分ひとりで前に進むしかないんです」

青木さんは話を聞きながら、腕を組んでなにかを考えていた。

「話はわかった。年齢のこともあるし、ホテルに就職するのはどうしても無理だ」

そう言ってから、青木さんはもう一度ぼくの目を見た。

「ほんとうになんでもやるっていうなら、働く場所がないわけじゃない。米屋の次の休みはいつだ？」

「日曜です」

「じゃあ次の日曜の朝八時、ホテルの守衛所に来い」

大きな寸胴鍋を洗うときは裸になって中に入る。ぼくには暇つぶしだった

次の日曜日は早起きした。朝の七時にグランドホテルに着き、守衛所の前で待っていると、八時過ぎに青木さんが現れた。

「寒かったべ。中で待てば良かったのに……。ついて来い」

ホテルの地下にあった従業員用の床屋に連れて行かれた。

「まずはそのザンバラ髪だ。俺と同じ坊主にしろ」

反射的に後ずさりした。

「嫌か」

図星だったが、はいとは言えない雰囲気だ。頭を下げるしかなかった。

「すんません」

三十分後、坊主頭になったぼくを青木さんが迎えに来た。連れて行かれたのはホテルの社員食堂の調理場だった。パートの小母《おば》さんたちが料理を作っていた。

「社員にはしてやれないが、ここで働く気はあるか?」

こうしてぼくは札幌グランドホテルの社員食堂の飯炊きになった。米屋の従業員だから、飯炊きなら任せられると思ったのかもしれない。

最初は米屋の休みの日だけ。夜間学校を卒業した後は、毎日働けるように佐藤米穀店を辞めて小さなアパートを借りた。


「あんな日をした人間は見たことがなかった」

つい最近のことだけど、青木さんはそう言った。青木さんは随分前にグランドホテルを退職されたが、今もお元気に札幌で暮らしている。

青木さんはすでに八十を何歳か超えているはずだが、壮健そのもので、足腰も達者だし、半袖から覗いた両腕も現役の頃と変わらず頑丈そうだった。なによりも昔のことをよく憶えてくださっていた。

実を言えば、ここまで書いた最初の出会いの描写は、青木さんの記憶にかなり助けていただいた。あの日、青木さんが背広を着ていたのは、帰宅するところだったからだ。几帳面な青木さんは、地下の社員用バスルームでシャワーを浴び、背広に着替えてから帰宅する。スパイスや油の匂いを自宅に持ち帰るのを嫌うからだ。着替えた後に厨房に上がることはまずないが、あの日だけ、なにか用事があったのだそうだ。

「十五、六歳のほんの子どもが、『自分には前に進むしか道がない』なんて言うもんだから、俺は驚いたんだ」

目が輝いていた、と青木さんは言った。子どもにあんなすがりつくようなキラキラした目で見られたら、なんとかしてやりたいと思うのが普通の大人だ、と。

目が輝いていたというのは、青木さんの感傷だと思う。必死だったのは確かだ。グランドホテルで働けるかどうかで、自分の人生は決まると思い込んでいた。

厨房に隠れたあの日が、ぼくの人生の分かれ道だった。


社員食堂の調理場であれ、グランドホテルで働けるのが嬉しかった。例によって調理場の小母さんたちとは最初の日から仲良しになった。

働くのはちっとも苦じゃない。

こればっかりは父のおかげだ。あれしろこれしろと言われる前に、自分から動くことも身についていた。海の上では、言われてから動いたのでは遅い。なにも言われなくても父親の動きの先を読んで、自分がしなきゃいけないことをする。言われたことをするだけなら誰にでもできる。仕事を手伝うというのは、本来はそういうことではない。

調理場も同じだ。厨房は嵐のように忙しい。料理をしている人には、他人に指示を出している暇など本来はない。助手はなにも言われなくても、先を読んですっすっと動かなきゃいけない。まして持って来いと口で言われたら、鍋だろうが玉ねぎだろうが全速力で持って行かなくちゃいけない。口に出して命じるということは、その時点でもう相当に事態は急を要するのだ。それがわからない下働きは、毎日のように殴られたり蹴られたり。仕事は身体で憶えさせる時代だった。

今ではあり得ないけど、あの頃はそうだった。徒弟制度的な職人の世界はだいたい同じだったはずだが、料理は常に時間との勝負だから、不慣れで要領の悪い見習いには半端なく厳しかった。

そういうことにかけて、ぼくは苦労をしたことがない。新しい厨房で戸惑うのもほんの最初だけ、自分がなにをすればいいのかはすぐにわかった。むしろやり過ぎてしまうくらいだった。気性が荒いから、これは違うと思えば先輩だろうと口答えをする。そういうことで殴られたり喧嘩になることは、よくあったが。

まして社員食堂の調理場では、小母さんたちに可愛がられるばかり。飯炊きだけでは物足りなくて他に手伝えることはなんでもしたが、それでも身を持てあました。社員食堂だから、夕方の六時にはすべての仕事が終わってしまう。

遊ぶことを知らないから、その後の時間の過ごし方がわからなかった。

総料理長の子息である青木さんはこの業界ではサラブレッドみたいなもので、料理人として順風満帆な人生を歩んでこられたのだとばかり思っていた。

実際にはそうでなかったということを今回初めて知った。

父の小太郎氏は、敗戦後間も無くホテルを辞めた。

札幌グランドホテルは進駐軍に接収され、高級将校たちの宿舎になった。彼らのために料理を作らされるのは仕方がないとして、高級将校が小太郎氏の料理しか食べないものだから、家に帰ることを許されない時期が続いた。家では子ども二人が父親の帰りを待っていた。それでも家に帰してくれないものだから、ホテルの誰かと喧嘩して辞めたのだそうだ。

小太郎氏は早くに妻を亡くした。戦時中はグランドホテルの厨房に幼い青木さんを背負って出勤していたという。

「若いコックがホットケーキ焼いてくれた、部屋に行けばルームメイドが菓子をくれた。眠くなったらそこで眠って、夜の九時になると、また親父におんぶされて、南十六条から山鼻《やまはな》線に乗って家に帰る。だから俺はホテルの裏階段まで知ってた」

ホテルを辞めた後、父親がなにをしていたかを青木さんは語らなかった。ただ戦後の食糧難の時代に姉と二人で経験したひどい飢えを、青木さんは今も忘れないと言う。

「俺は腹一杯食べたいばかりに、料理人になろうと思った。だからお前の気持ちがよくわかったんだ」

料理人になることは、父親から厳しく禁じられていたそうだ。

新潟の寺泊《てらどまり》から東京に出て、十三歳で丁稚《でっち》同然に調理場に入った父親だけに、苦労を誰よりわかっていたのだろうと青木さんは言う。しかもその当時、料理人の社会的地位は考えられないくらい低かった。

青木さんが札幌グランドホテルに履歴書を持っていったときも、父親には言わなかったし、ホテルにも自分が青木小太郎の息子であることは明かさなかった。課長代理になるまでには、口で言えない苦労もされたそうだ。

「十六歳で後ろ盾もなにもない三國のことが、自分の若い頃を見ているようで気になって仕方なかった」

青木さんはそう言った。

「だから社員食堂の調理場に行かせてからも、三國のことをずっと見ていた」

それはほんとうだった。

地下の洗い場に、いつも洗い物がたまっていた。

宴会では何十人何百人分の料理を一斉に出さなくちゃいけないから、調理中に洗っている暇はない。汚れた食器や鍋や、人が入れるくらいの大きな寸胴《ずんどう》やらが流しにどんどんたまっていく。

それを一日の仕事が終わった夜更け、若手のコックたちが厨房から降りて来て裸になって洗っていた。

あるとき、思いついて青木さんのところに行った。

「飯炊き終わったら、洗い物やっていいですか？」

青木さんがニコリとした。

「そりゃみんな助かるよ」

その日から、飯炊きが終わると洗い物をやった。六時から始めて三、四時間、先輩方が降りて来る十時頃までには一人で全部洗い終える。

先輩方はもちろん大喜びで、

「おうキヨミ、ラーメン食いに行こう」

すすきのにしょっちゅう連れて行かれた。

いい子ぶろうとか、先輩に可愛がってもらおうとか、そういう気持ちは、今思い返してもどこにもなかった。ぼくにとっては、要するに暇つぶしだった。

六時に仕事が終わって、その後することがなにもない。家に帰ってもテレビもなかったし、パチンコにも興味がなかったから一度も行ったことがない。

そして洗い物は億劫じゃなかった。

大きな寸胴は、裸になって寸胴の中に入って洗った。洗い物ひとつでもコツがあるから、だんだん自分の手際が良くなるのがわかる。狭いアパートでぽつんとしているより、寸胴をピカピカに磨き上げる方がよほど楽しかった。洗い物をしても給料が増えるわけではなかったが、そんなこと気にならなかった。

自分としては暇つぶしで、特別なことをしている気持ちはなかった。

ところが先輩方は「キヨミ、キヨミ」と呼んでラーメンを奢ってくれる。そしてなにより、綺麗事を言うようだけど、自分のしたことで誰かが喜んでくれるのは、やっぱり嬉しかった。

毎日洗い物を続けて半年が過ぎた頃、青木さんに呼ばれた。

「これから人事部に行くぞ」

青木さんは嬉しそうだった。

「三國、お前明日から社員だ」

真夜中の厨房でフライパンを振った

青木さんは当時の総料理長斉藤慶一《さいとうけいいち》さんを、会長と呼ぶ。斉藤さんは全日本司厨士《しちゅうし》協会北海道本部の会長でもあった。社員食堂の厨房でパートを始めた最初から、会長にぼくのことを話していたという。

「どうだ、あいつはものになるか?」

半年が過ぎた頃、会長にそう訊かれて、青木さんは答えた。

「会長、あの目見てください。あんな輝いてる目なんていませんよ」

厨房の若手とも上手くやっているようです、と話すと会長が言ったそうだ。

「よし。この溜まってる履歴書を飛ばして入れてやる。そのかわり、お前責任持って行動見とけよ」

総料理長が人事部と話をつけ、まだ十八歳にもなっていないぼくを特例で準社員の待遇で入社させたらしい。

配属されたのは「原生林」、グランドホテルのメインダイニングだった。

社員になったので、アパートから社員寮に引っ越した。グランドホテルから約四キロ。行きも帰りも走って通った。みんなは驚いたが、増毛では歩く距離だ。バスを待つ方が、よほど面倒だった。

もっともその社員寮にも、めったに帰らなくなった。

メインダイニングの厨房に配属されたのはいいが、下っ端は朝から晩まで息つく暇なくこき使われる。山のようなじゃがいもの皮を剝き、玉ねぎの皮を剝き、野菜を洗い、食材を運び、汚れた鍋やフライパンを運び、調理台を磨き、床を掃除し……。なにしろ時間がない。料理の修業は夜更けにするしかなかった。

タオルを丸めて卵に見立て、フライパンでオムレツを返す練習をする。生卵をじゃがいものつもりで握り、ペティナイフでシャトー型に切る動きを練習する。野球選手が素振りをしたり、ボクサーがサンドバッグを叩くのと同じように、駆け出しの料理人にもそういう調理技術の練習法がいくつもある。先輩の中にはそういうことを教えてくれる親切な人がいたが、営業中に練習する暇はない。休日に自主練するしかなかったが、それくらいでは全然足りない。

だから居残りをした。一日の営業終わりには厨房の後片付けがある。寮に帰る先輩方に

「後はやっておきます」と声をかけ、そのまま調理場に居残る。夜中の調理場でタオルを丸めてフライパンを振り、生卵を握ってペティナイフを動かした。

正直なことを言うと、真夜中の調理場にはもうひとつ利点があった。ぼくの他には誰もいないのだ。最初の頃こそ真面目にタオルを使っていたけれど、すぐに物足りなくなった。タオルをいくら転がしても、卵にどう火が入るかわからない。

オムレツ作りの練習で、冷蔵室の卵をどれだけ使ったかは神のみぞ知る。じゃがいもしかり、にんじんしかり。言い訳はしない。今も昔も、良くないことだ。ただし今なら問題になるだろうけど、当時は料理人仲間でバーベキューをするときは、厨房から肉の塊を持ち出すなんてことがよくあった。食材の管理が大雑把で、そういうことが大目に見られていた。先輩に見つかっても、小言ぐらいですんだ。

いや、大目玉を喰らったとしても、やることに変わりはなかっただろう。

真夜中の厨房でフライパンを振って、地下の仮眠室のベッドで眠る。翌朝は厨房に一番乗りで下働きの仕事に精を出し、夜中にはまた料理の訓練をする。そういう毎日だった。だから寮の部屋には帰らなかった。

ぼくは一日も早く、料理ができるようになりたかった。

必死だったのは、なにもできないし、なにも知らなかったからでもある。ハンバーグも知らなかったくらいだから想像がつくと思うけど、ほんとうにモノを知らなかった。

あるとき先輩に、パスタを茹でるから鍋を見ていろと言われた。先輩はお湯の沸騰した大鍋に何十人分かのパスタを投入すると、後はぼくに任せてどこかへ行ってしまった。

言いつけ通り、ぼくは鍋をじっと見ていた。

十分経ち、三十分が経ち……。

そのうちお湯が濁り出した。パスタが溶け出したのだ。

パスタというのは、お湯に溶かして食べるものなのだろうか。どろどろに溶け始めたパスタを見ながら、そんなことを考えていると、ようやく先輩が戻ってきた。当然、ボコボコにされた。何十人分ものパスタを台無しにしてしまったわけだから。

「パスタの茹で方も知らないのか」

茹で方どころか、パスタを見るのも初めてだった。

一事が万事そういう感じで、厨房で見るもの聞くこと、なにもかもが知らないことばかりなのだ。新入りに手取り足取り料理を教える時代ではなかった。先輩がソースを作った鍋を洗い場へ下げるときは、鍋の底に残ったソースを手のひらで掬《すく》って舐めて味を憶えた。膨大な雑用をこなしながら、先輩たちの仕事を盗み見て、知識も技術も自分で身につけなきゃいけなかった。

鶏の捌《さば》き方は、小母さんたちに習った。ホテルと取引のある鶏肉の精肉工場を見に行ったら、パートの小母さんたちが見事な手際で鶏を捌いている。一羽の丸鶏を捌くのに一分もからない。まるで魔法だ。ただでいいから働かせてくれと頼んで、ホテルの休日ごとに通った。小母さんたちは気前よく魔法の技を教えてくれた。ナイフを入れる場所にコツがある。正しい関節にナイフを入れると、力を入れなくても鶏は綺麗に解体できた。

年上の後輩たちをクソミソにやっつけては、毎日のように喧嘩していた

ひとつの技術を憶えるたびに、厨房でやらせてもらえることが増えた。宴会が入って調理台に丸鶏が山積みになる。忙しく鶏肉を捌く先輩に、やらせてくださいと頼めば「やってみろ」となる。こっちは毎週何十羽も捌いているから、一羽の鶏を解体するのは瞬く間だ。先

輩の目が変わる。よしお前がやれと言われる。じゃがいもをシャトー型に切るのも、オムレツを作るのも同じことだった。

料理人の世界は、学歴も年齢も関係ない。仕事ができるかできないか。できさえすれば、どんどん重要な仕事を任されるようになる。一年後にはソースの味を決める重要なストーブ前の担当になった。厨房の仕事はなんでもできるようになっていた。


それで大人しく仕事をしていれば、若く優秀な料理見習いとしてみんなに認めてもらえたことだろう。そうは行かなかった。

ぼくは生意気な子どもだった。

後から厨房に入ってきた後輩たちには、さんざん先輩風を吹かせた。後輩だけど歳上だ。歳上なのに、仕事がからきしできなかった。

あたりまえだ。ぼくが十六の歳からやってきたことを、彼らは十八歳で一から始めたばかりなのだから。料理学校出もいたけれど、似たようなものだ。同じ包丁を握るのでも、教室と厨房では気持ちも回数も違う。

右も左もわからない卵から孵《かえ》ったヒヨコのような彼らの姿は、要するに一年前の自分の姿なのだが、ぼくは厨房で右往左往する彼らに容赦がなかった。

「なにやってんの、そんなこともできないの」

ついこの間まで自分もできなかったくせに、年上の後輩たちをクソミソにやっつけては、毎日のように喧嘩をしていた。

メインダイニング「原生林」の仕事にワゴンサービスというのがあった。ダイニングにワゴンを押してゆき、お客の目の前で料理をして、その出来立ての料理を切り分けて、客に取り分ける。近代フランス料理の創始者オーギュスト・エスコフィエの時代から続く、ディナーのメインイベントだ。当時の格式ある西洋料理のレストランでは、これをするのが決まりみたいなものだった。

だからワゴンサービスはメインダイニングの花形だ。「原生林」では料理長がやることになっていた。ぼくはその料理長の助手を命じられた。

ワゴンを押したり、温めた皿を準備したり、料理長の手伝いをするわけだ。それだけでも名誉なのだが、仕事に慣れてくると、日曜日だけ料理長の代役を仰せつかるようになった。料理長の代わりにワゴンサービスそのものをするのだ。たぶん料理長がなにかの理由で休みを取りたかったからだと思うのだが……。

自分で言うのもなんだけど、ぼくはこのワゴンサービスが上手かった。

留萌の魚市場で競りをしたり、料亭でアワビを売ったり。小学生の頃から大人に混じって働いていたから、人前で話すのは得意だった。相手の心を動かすには、真面目に話すだけでは駄目だ。話を盛って驚かせたり、冗談を言って笑わせたり。その呼吸はお手のものだった。お客さんにしてみれば、いつもは厳しい料理長が粛々と行うワゴンサービスを、二十歳にもならない若者が口八丁手八丁で笑わせながらするものだから、物珍しかったのもあったのだろう。

ステーキの仕上げにフランベをする。ブランデーを肉にふりかけて火をつけるわけだ。本来はステーキの香りづけなのだが、ワゴンサービスというショウのクライマックスでもある。それなら盛大な方がいい。やり方を変えることにした。頃合いを見てステーキを鉄板から外し、鉄板を煽って温度を上げる。熱々になった鉄板に、ステーキを戻して一気にフランべすると、炎がぶわっと派手に燃えあがるのだ。

客席は大喝采だ。「次回のワゴンサービスもあの若いシェフに頼む」と言ってくれるお客さんも増え、やがて日曜だけの代役から専任の仕事になった。

天下を取った気分だった。

先輩方を差し置いて、若いぼくが花形シェフなのだ。いやシェフではない。序列ではまだまだ見習い料理人だし、花形といっても誰もがワゴンサービスをやりたがったわけではない。

お客を前にペラペラ喋りながら肉を焼くなんてお座敷芸みたいなもんで、本物の料理人の仕事ではないと内心思っている人が多かったかもしれない。料理長だってそうだ。だから簡単にお調子者のキヨミに任せたのだろう。

ワゴンサービスの専任になって、仕事は格段に楽になった。お客さんが料理を食べるペースを見極めて出なきゃいけないから、それ以外の時間は厨房をぶらぶらしていた。後輩の仕事にケチをつけたり、先輩に冗談を言ったりしながら。

ぼくは天狗になっていた。

先輩方は苦々しく思っていたはずだ。よくいじめられたりもしたけど、ぼくも向こうっ気が強いから、なにかといえば口答えする。

後輩とは毎日喧嘩、先輩には歯向かう。厨房に入って二年目でそれでは、先が思いやられる。このあたりで天狗の鼻をへし折っておいてやろうという、親切心だったんだと思う。ぼくだってそんな奴が厨房にいたらそうする。

東京のホテルから来た先輩に説教された。

「キヨミ、お前は先に入って仕事はやつらよりできるかもしれないけど、それくらいでいい気になるなよ。札幌グランドホテルでいくら威勢のいいこと言ってたって、上には上がある。

東京の帝国ホテルには、日本一のレストランがあるんだ。そこには料理人の神様がいる。その人にくらべたらお前なんか……」

　塵みたいなもんだというわけだ。

　だけどそれはわかっていた。確かにいい気になってはいたが、それで満足する気はさらさらなかった。ぼくはまだ誰でもなかったから。

　札幌グランドホテルは確かに立派なホテルだったし、留萌本線の線路を一斗缶担いで歩いていた頃には想像すらできなかった世界に自分がいることはわかっていた。だけど、ここがゴールだなんて一瞬たりとも思わなかった。自分の人生はこれからだと思っていた。前に進むことしか考えてなかった。

　ぼくは道を歩き始めたばかりなのだ。

　それだけに「料理人の神様」という言葉が、心に突き刺さった。

　いろんな意味で。

　後輩たちに偉そうにしていたのは、言ってみれば腹いせだ。ぼくはずっと貧乏で働き詰めで、遊び方も知らなかった。高校がどんなところかも知らない。そんなことなんでもないという顔をしていたし、自分でもそう思っていたけど。神様はなんでこんなに不公平なんだという気持ちは、いつも心のどこかにくすぶっていた。

ぼくの兄は、札幌で大工の修業をしていた。その兄のアパートに遊びに行くと、夜はいつもどこかへでかけていなくなる。

不思議だなあと思っていたら、兄は暴走族のリーダーだった。メンバーは四百人だか五百人だか。遠く東京や神奈川の暴走族にも名を知られた暴走族を、兄が組織したのだそうだ。当時は暴走族ではなくてカミナリ族で、悪さはしなかったと兄は言うのだけれど。

兄は鬱憤晴らしの遊びを見つけていた。

ぼくには気持ちを晴らす対象がなにもなかった。

だから自分の鬱積を後輩にぶつけた。

天狗になって先輩にも逆らった。

子どもの頃から我慢してきたこと、グランドホテルの厨房に入ってから耐えてきたこと。理不尽だと思いながら、どうにもできない気持ちを抱えて、周りの人に八つ当たりしていたわけだ。そんなことしても、いいことなんかなにもないのに。

自分でも心の底ではわかっていた。

だから料理人の神様という言葉を聞いた瞬間、会わなきゃいけないと思った。

神様には恨みがある。いや、神様なんてこの世にいないと思っていた。

それが東京の帝国ホテルにはどうやらいるらしい。

総料理長の村上信夫《むらかみのぶお》という人だ。

神様がいるなら、なんとしても会ってみたい。

神様に会えば、自分の心の底のもやもやも晴れるに違いない。

神様に会うのが、自分の運命だと思った。

そう思ったら、居ても立ってもいられなくなった。

「俺は帝国ホテルに行く。神様の弟子になる」

毎日、そんなことを周りに言うようになった。

折ったつもりの天狗の鼻が、逆にぐんぐん伸び出したものだから、東京から来た先輩などは躍起になってぼくを思いとどまらせようとした。

井の中の蛙がいったいなにを言い出すのか。そんなこと天地がひっくり返ってもできるわけがない。日本中の料理人の頂点に立つ人だぞ。相手にされるわけがない。

たぶんその通りなのだろう。ある意味では、その通りだったわけだ。

だけど否定されるほど、逆に気持ちは燃え上がった。

ぼくが幸運だったのは、そういう思い上がりの喧嘩っ早い若造を、それでも見守ってくれる人がいたことだ。

青木さんはぼくの夢を嗤《わら》わなかった。

「三國は言い出したら聞かないからな。会長に頼んでやるから来い」

そう言うと、総料理長の斉藤慶一さんのところに連れて行ってくれた。

三國を東京に出してやりたかったと、青木さんが先日話してくれた。

二人の間で、事前に話がついていたのだろう。斉藤さんはその場で紹介状を書いてくれた。斉藤さんは全日本司厨士協会北海道本部の会長で、帝国ホテルの村上信夫総料理長とは旧知の間柄だった。

その手紙をぼくに渡して言った。

「村上さんには電話をしておくから、これを持って行きなさい」

こうしてぼくは青函連絡船で津軽海峡を渡る。

十八歳の春だった。

Avec amour et gratitude 2

写真／森川 昇
『皿の上に、僕がある。』（柴田書店）

留萌本線の線路。札幌も、東京も、スイスも、フランスも、
世界のすべてが、この線路の先に続いていた。

第三章　帝国ホテルの鍋洗い

東京の街は、四方八方見渡す限り続いている。行けども行けども東京だった

「話は聞いています。一週間後にまたここへ来なさい」

紹介状に目を通すと、村上信夫総料理長はそう言った。

青森駅から長距離鈍行列車に乗り、上野に着いたのは翌日の早朝だった。そこから真っ直ぐ、帝国ホテルの総料理長室にやってきた。

神様に会うために。壮麗な正面玄関も、見上げるほど高いロビーの天井も、そこを行き来する宿泊客の高級そうな装いも、あの日は目に入らなかった。

事務机の向こうの料理人の神様は、想像とは違って、とても温和な人だった。

純白のコックコートで包んだ恰幅《かっぷく》のいい身体からは、神様にふさわしい威厳が漂っていたけれど、偉そうな感じはどこにもない。北海道から出てきた生意気盛りの料理人見習いにも、丁寧に対応してくれた。

ただ、一週間も待たされるのは予想外だった。斉藤さんの紹介状があったから、すぐに働けるとばかり思っていた。

見透かしたように、村上さんがつけくわえた。

「東京は初めてだろう。ゆっくり東京見物をするといい」

見物なんかより、やらなきゃいけないことができた。住むところを決めなければいけない。その晩の宿も決めていなかった。帝国ホテルで働くからには、寮かどこかに潜り込めると思っていた。

どうやらそんな甘い話ではないらしい。


初めて札幌に着いた日は、高いビルばかり見上げていたから、首が痛くなったものだ。東京はそういうレベルではなかった。そんなことしていたら、きっと首の骨が折れてしまう。

上野の駅に着く前からずっと東京だった。列車の窓から見る東京の街は、四方八方東西南北見渡す限り続いている。行けども行けども東京だった。

その東京の街に降り立ち、文字通りビルの谷間を歩くのは、ヒグマのいる増毛の森を歩くより空恐ろしかった。

札幌を立つ前の晩の送別会で、酔っ払った先輩から言われた言葉を思い出した。

「東京は、恐い人ばっかかだぞ」とか「田舎者には米の飯も食わせてくれない」とか「お前みたいなのがうろうろしてたら、さらわれて外国に売られる」とか。

冗談半分なのはわかっていたが、こんなところには暮らせないと思った。それに家賃のこともある。帝国ホテルの最寄りの日比谷駅から電車に乗った。当時の都営六号線、今の都営三田線だ。このビルの谷間を離れなきゃと思った。郊外まで行けば安アパートだってあるに違いない。

ところが外が見えなくて、景色がなにもわからない。電車はさっきから暗黒の地下を延々と走り続けている。この電車はいったいどこまで行くのだろう。車内アナウンスで「板橋」という地名が聞こえてきたときに、急に恐くなった。

板橋ってどこだ。地の果てまで連れていかれるんじゃないか。とにかくここで降りると決め、降りたのが板橋本町駅だった。

日比谷から三十分もかからない距離が、あの日のぼくには永遠に思えた。

駅を出ると、下町が広がっていた。

ほっとした。ここなら札幌とあまり変わらない。見当をつけて坂道をどんどん降《くだ》っていくと、貼り紙があった。

「下宿あります、三畳半」

しめたと思った。玄関を叩き、ごめんくださいと声をかけた。「はーい」とのんびりした声が聞こえて、エプロン姿の小母さんが出てきた。

「貼り紙見ました。部屋貸してください」

小母さんの目に品定めするような色が浮かんだので、急いでつけくわえた。

「来週から帝国ホテルで働くんで、札幌から上京しました」

「まあ、帝国ホテルですか」

今度は小母さんの目が丸くなった。

「はい。帝国ホテルのコックになるんです」

効果は覿面《てきめん》だった。小母さんはすぐ部屋に案内してくれた。

心がチクリと痛んだ。厳密に言えば、総料理長は来週もう一度来なさいと言っただけだ。帝国ホテルに就職できると決まったわけじゃない。同じことじゃないかと自分を納得させて、布団と机を買いに出かけた。

三畳半は狭かった。布団を敷いたら、机を置く場所がなくなる。押し入れに布団を敷いて、そこを寝床にすることにした。

一週間はあっという間だった。所持金も乏しいから、東京見物はしなかった。隣の部屋の大学生と仲良くなった。俺はコックなんだと自慢して、小さなコンロで野菜炒めを作ってやったりしているうちに過ぎた。

毎晩押し入れの寝床に潜り込むたびに、村上さんの言葉を思い出した。

「一週間後またここに来なさい」

嫌な予感がしたのかもしれない。


予感は的中した。

一週間ぶりに訪ねると、村上さんは少しすまなそうな顔をした。

「君も知っての通り、オイルショックで日本の経済は大変なことになっている。帝国ホテルでも依願退職者を募っているくらいだから、簡単に社員にしてあげるわけにはいかないんだ。調べてもらったら、洗い場のパートタイムになら空きがある。しばらくそこで頑張ってみる気はありますか」

神様にそう言われて、首を横に振れるわけがない。

落胆しなかったと言えば嘘になる。

この二年はなんだったのか。北の迎賓館といわれた札幌グランドホテルのメインダイニングで、先週までワゴンサービスの係だったのだ。しかも全日本司厨士協会北海道本部会長のお墨付きだ。いくら帝国ホテルが日本一でも、厨房の片隅くらいには入れるだろうとたかをくくっていた。

それがパートタイムの皿洗いに逆戻りだ。

当時の帝国ホテルには、パートから社員に登用される道があった。ただし志願者もたくさんいて、ぼくの前に二十七人が履歴書を出していた。その二十七人が社員に昇格すれば、ぼくの番になるらしい。それが一縷《いちる》の望みだったけど、それまでにいったいどれくらい鍋を洗えばいいのだろう。

お前は井の中の蛙だ。帝国ホテルがお前なんか相手にするわけがない。

先輩たちにさんざん言われたことを、嫌でも思い出した。

なにくそと思った。

毎日せっせと洗い物をしながら、ぼくは虎視《こし》眈々《たんたん》とチャンスを窺った

配属されたのは、帝国ホテルの中二階にあった「グリル」の洗い場だった。

グリルの元々の意味は焼き網。調理法としては、鉄網や鉄板を使って食材を直火で焼くことを意味する。客の目の前の鉄板で料理人が牛肉やアワビを焼き、焼き立てを饗するグリルスタイルのレストランは昔から人気だった。

ロシアのオペラ歌手フョードル・シャリアピンが、戦前の帝国ホテルに滞在したときの逸

話が残っている。当時の「グリル」の筒井福夫《つついふくお》料理長が、歯槽膿漏に悩まされていたシャリアピンさんのために、牛肉を叩き丁寧に筋切りしてから、すりおろした玉ねぎでマリネして焼いた。牛肉を柔らかくするためだ。シャリアピンさんはことのほか気に入って、滞在中は連日「グリル」に通い、この特製ステーキを食べたそうだ。シャリアピン・ステーキ誕生の秘話だ。

驚いたことに、帝国ホテルには「グリル」のような料理店が十八店舗もあった。料理人の数だけでも五百二十人を超えていた。

その頂点に君臨するのが、村上総料理長だった。

帝国ホテルの厨房では、ソース作りに大量の赤ワインとフォン・ド・ボーを使っていた。フォン・ド・ボーは仔牛の骨から取った出汁だ。巨大な寸胴で何時間もアクを取りながら、山のような仔牛の骨と野菜を炊いてソースのベースに使っていた。グランドホテルでは見なかった光景だ。本格的なフランス料理はこうなのだ。一日も早くぼくもあそこで料理をしたい。

毎日せっせと洗い物をしながら、ぼくは虎視眈々とチャンスを窺った。

パートタイムしか空きがないと言われたときは意気消沈もしたけれど、要するに振り出しに戻っただけのことだ。大切なのは目の前の仕事を、誰よりもしっかりこなすこと。鍋でも皿でも、誰よりも手早く、誰よりも綺麗に洗う。洗って、洗って、洗うものがなくなったら、厨房を見回して、誰か忙しそうにしている人を手伝う。

　札幌グランドホテルでは、そうやって社員にしてもらった。同じことをすればいいだけだ。そうやって一所懸命に働いて、村上さんの目にとまって一刻も早く正式な社員にしてもらおう。社員登用制度のウエイティングリストのことはいつも頭にあったけれど、その日が来るのをのんびり待つ気はなかった。「グリル」の厨房にも見習い料理人が何人もいた。じゃがいもを剝くにしろ、にんじんを剝くにしろ、負ける気がしなかった。隙さえあれば、仕事を奪ってやろうと狙っていた。

　その野望は、ひと月も経たないうちに打ち砕かれる。

　帝国ホテルの厨房は、想像以上に厳格な職場だった。洗い場のぼくには、野菜ひとつ切らせてもらえなかった。組合活動が盛んだったこともあって、社員の仕事にパートの人間が手を出すことは許されなかった。

　来る日も来る日も、黙って鍋を洗うしかなかった。

　ぼくがいちばん恐れたのは、総料理長に忘れられることだった。なんとか近づきたいけど、洗い場では顔を見ることさえできない。

　相手が他の人なら、ぼくの性格からしてずけずけ近づいた。人づきあいの秘訣はニコニコ笑いながら遠慮なく近づくこと。窮鳥《きゅうちょう》懐に入れば猟師も殺さず。懐に入るのはぼくの特技だ。人が大好きだから。そして人は、自分を好きな人を好きになる。子どもの頃からその調子で、誰とでもすぐ仲良しになれた。

村上総料理長が相手では、そういうわけにはいかなかった。村上さんにはムッシュ村上という愛称があった。温厚な人格者であることは厨房の誰もが知っていたが、敢えて自分から近づこうとする人は誰もいなかった。それぞれのレストランの料理長クラスでさえ、気安く話しかける雰囲気ではない。まして最末端の皿洗いが、自分から声をかけるなんてできる相談ではなかった。

だけど、なにしろ頂点に立つ人だ。なにもしなかったら、ぼくのことなどすぐ忘れてしまうに違いない。

ぼくは一計を案じた。

村上さんには、帝国ホテルの十八軒すべての店を毎朝巡回する習慣があった。それぞれの店に顔を出して、「おはよう」と声をかける。それだけでも厨房は引き締まるのだ。もっとも洗い場のぼくのところまではやって来ない。大きな声で挨拶を返しても、村上さんの耳に届きはしない。

ただ、ひとつだけ声を届かせる方法を思いついた。貧乏人でも志は平等であるように、誰にでも平等な場所が、帝国ホテルにも一ヶ所あった。

同じ中二階に総料理長のオフィスがあったから「グリル」は朝の巡回ルートの最後だった。村上さんは「グリル」に顔を出した後、いつも近くのトイレに立ち寄ることにぼくは気づいた。

村上さんが出た後、少しだけ間を置いて洗い場を抜け出す。村上さんが用を足し終わる頃合いを見計らって、その隣に立つ。あくまでも偶然を装って。

「あ、総料理長。おはようございます」

村上さんはチャックを上げながら、こっちを見る。

「おう、君か。元気にやってるか?」

「はい」

会話はたったそれだけだ。だけど少なくともその瞬間は、ぼくが洗い場にいることを思い出してくれるに違いない。

毎朝は不自然だから、偶然と思ってもらえるくらい間を置かなきゃいけない。その一計を実行するのは何日かに一度だけにした。

涙ぐましい努力ではある。そんなことで採用の順番が繰り上がるとは、ぼくだって思わなかった。それでもなにかしないではいられなかった。

そんなことを続けていたら、もっと重要なことに気がついた。

毎週一回、テレビ局の人たちが帝国ホテルに来て番組の収録をしていた。NHKテレビの「きょうの料理」という番組だ。村上さんは人気講師だった。

その収録場所が「グリル」の厨房だった。十八のレストランの中で、午前中に厨房が空いているのはそこだけだった。

洗い物をしながら見ていると、村上さんは食材を準備するのも、包丁や鍋を用意するのも全部自分一人でやっていた。収録するのはいつも朝の営業が終わった後の時間帯で、厨房に料理人は何人もいたけれど、なぜか誰も手伝おうとしない。

不思議だったけど、これはチャンスだった。誰か若い料理人でも脇で助手をしていたら絶対に割り込めないが、そこに誰もいないのだ。

黙って総料理長を手伝うことにした。

収録前の準備をする村上さんを観察して、まずなにが手伝えるか考えた。最初はおそるおそるだったけど、次は鍋が必要だなとわかったからすっと差し出したら、村上さんは目を上げて、「おう、ありがとう」と受け取ってくれた。そうなればこっちのもんだ。その後は遠慮せず、村上さんの動きを見ながら、ボウルだのフライパンだのを用意したり、食材を冷蔵庫から運んだり。テキパキと助手の役をこなした。

収録の後が大変だった。

先輩の料理人たちに囲まれて、こってり絞られた。

「総料理長はこれは自分の仕事だからと言って、収録のときは誰にも手伝わせないんだ。あの仕事を誰かに手伝われるのが嫌なんだ。だから俺たちも手伝わない。お前の仕事は洗い場だろう。余計なことをするんじゃない」

確かに村上さんは、食材の下処理からなにからすべて自分でやっていた。仕込みが必要な食材も、ホテルの厨房ではなく自宅かどこかで準備しているようだった。「きょうの料理」は村上さん個人の仕事だから、ホテルの従業員に手伝わせるべきではないと考えていた。昔《むかし》気質《かたぎ》の人だから、公私を厳しく分けていたのだ。

そのときはそこまで考えはおよばなかったが、ぼくが手伝っても村上さんは嫌な顔をしなかった。それどころか、野菜を運ぶにしろ布巾を用意するにしろ、ぼくがなにか手伝うたびに、「おう」とか「ありがとう」とか、口にすることもあったし目顔《めがお》だけのこともあったけど、とにかく感謝された。他の人になんと言われようと、手伝いをやめるつもりはなかった。それからも収録のたびに、先輩たちを無視して村上さんの助手を続けた。

今思えば、社員ではなくて、パートタイムの従業員だったから、村上さんはぼくに手伝わせることに抵抗を感じなかったのだろう。洗い場の仕事は早番と遅番に分かれていて、洗い物が終わったらぼくにはすることがなにもない。村上さんを手伝ったからといって、ホテルの仕事が疎《おろそ》かになる心配もなかった。

ますます張り切って、勝手に助手の仕事の範囲を広げた。ＮＨＫのスタッフと仲良くなって、次回の収録の内容を聞き出して、事前にできる準備はすませておいた。

村上さんはなにも言わないだけではなく、そのうち「あれを用意して」とか「この魚に塩振って」とか、ぼくに直接仕事を頼むようになった。ＮＨＫのスタッフたちから見たら、村上さんの直弟子かなにかのように見えたかもしれない。

それも面白くなかったのだろう。村上総料理長は料理人の憧れだ。厨房の誰もが近づきたいと思っていたに違いない。それなのに、よりによって洗い場のパートが抜け駆けをして取り入っている。先輩方の目にはそう映ったはずだ。収録のたびに、先輩方から怒られた。

だんだんむかっ腹が立ってきた。村上さん本人が許しているのに、いつまでもぐちぐち文句を言われる筋合いはない。洗い場パートの身分だから黙って聞いたが、心の中にはむらむらと反骨心が湧き上がった。

ぼくは髭《ひげ》を剃るのをやめた。

口髭はムッシュ村上のトレードマークだ。帝国ホテル五百二十人の料理人中、髭を生やしている人は他に一人もいなかった。

髭が禁じられていたわけではない。もしそうなら、村上さんは真っ先に髭を剃っただろう。衛生的な理由から髭を嫌う料理人もいないわけではないけれど、それは本人の自覚の問題だと思う。身だしなみに気を配り、常に清潔を心がけることと、髭を伸ばすことは矛盾しない。髭を伸ばしてわかったけど、髭を整えるために毎朝鏡に向かう時間が増えて、ぼくはむしろ以前より身綺麗になった。

なにより天皇の料理番と呼ばれた秋山徳蔵も、その師であり近代フランス料理の創始者として知られるオーギュスト・エスコフィエも髭をたくわえていた。

エスコフィエが著した『Le Guide Culinaire』（料理の手引き）は百年後の今も、フランス料理に携わる料理人のバイブルだ。そのレシピを、そのまま現代の料理人が使うことはない。けれどその後に現れたすべてのフランス料理は、そこに書かれた五千のレシピから生まれた子どもだ。『Le Guide Culinaire』があってはじめてフランス料理はある。『Le Guide Culinaire』を元に秋山徳蔵が書いた『仏蘭西料理全書』も、日本のフランス料理人にとっては同じ意味がある。

村上さんもこの二冊はいつも手元に置いていた。

村上さんが口髭を生やしていた理由をぼくは聞いていない。けれど、心のどこかにこの偉大な二人の先達の後に続こうという気概があったはずだ。

ぼくもそうだった。

誰になんと言われようと、ぼくは総料理長の背中を追いかけようと思った。

洗い場の分際で、なにを思い上がっている。お前には百年早い。生意気なやつだ。

案の定、先輩方からは、またさんざん詰《なじ》られた。

それでもぼくは髭を剃らなかった。

皿洗いだって、志だけは平等なはずだ。

髭はぼくの志だった。


自分でも厄介な性分だと思う。

村上さんを手伝っているだけでも軋轢《あつれき》なのだ。髭まで生やして先輩たちを挑発しなくたっていいのに。仕事場に居づらくなるだけじゃないか。

ぼくだってそう思うことがなかったわけじゃない。だけど、最後のところでどうしても悔しい気持ちが抑えられなかった。

先輩方からの圧力は日増しに大きくなった。下手したら、ほんとに洗い場から追い出されていたかもしれない。

助け舟を出してくれたのは、村上さんだった。

ある日、いつものように厨房で先輩方と「髭を剃れ」「いえ剃りません」と押し問答していたときのことだ。総料理長がそこを通りかかった。

一瞬にして静まり返った厨房で、料理人の神様はひょいとぼくを見て笑った。

「髭のばしましたね。似合ってますよ」

その日から、誰もぼくの髭をとやかく言わなくなった。

その人に逆らえる料理人は、厨房に誰もいなかった

今の若い人はあまり喧嘩をしないらしい。

いつも空気を読み、なるべく波風を立てず、できるだけ穏やかに生きる。

そういう生き方を否定するつもりはない。ぼく自身がずいぶん丸くなった。「オテル・ドゥ・ミクニ」の厨房も今や平和なもんだ。かつてのスタッフが見たらたぶん驚くだろう。い

や、怒られるかな。まあそれはともかく、それが時代の風潮だ。

だけどこうして昔を思い出してみると、やはりあの頃が懐かしい。喧嘩を勧めるわけじゃないが、悪いことばかりじゃなかった。喧嘩から始まる人間関係もある。毎日喧嘩しながら、ぼくは少しずつ一緒に働く仲間になっていった。

パートタイムのぼくには洗い物の他に、もうひとつ厨房で使う器具や食材を運ぶという仕事があった。「グリル」の厨房で食材が足りなくなったときに、他の厨房に借りに行くのもぼくの仕事だった。

食材をよく借りに行っていた宴会厨房に、総料理長とはまた別の意味で、みんなから恐れられる人がいた。その人に逆らえる料理人は厨房に誰もいない。

「オッパラさんには気をつけろよ。おっかない人だからな」

先輩に脅かされていたから、宴会厨房に行くときは、とにかく出くわさないように気をつけていた。下っ端同士隅の方でこそこそ、「白菜貸して」「よし、わかった」とかやっているのだが、どういうわけかいつも見つかった。

「おい、ちょっとこっちに来い。なんだお前、俺に挨拶もないのか」

大声で怒鳴られる。

ぺこぺこ謝って、またこそこそ行って、見つかっては、叱られる。

そんなことを繰り返していたある日、オッパラさんがぼくに訊いた。

「三國はサッカーやってたんだって?」

サッカーは中学校時代から得意だった。メキシコオリンピックでアジア初の銅メダルを取って、日本中でサッカーが盛り上がっていた時代だ。札幌グランドホテルにも従業員のサッカーチームがあって、よく試合に出ていた。走るのは速かった。その話を誰かから聞いたのだろう。

「今度の日曜、ここに来い」

朝早く教えられたグラウンドに行くとラグビーの試合会場だった。帝国ホテルには社会人のラグビー部があって、オッパラさんは主将だった。いつも人数が揃わなくて困っていたらしい。ぼくは目をつけられたのだ。サッカーができるならラグビーもできる、というのがオッパラさんの理屈だった。

「なんでもいいから、球持ったらまっすぐ走れ」

オッパラさんにはそう言われたが、敵もまっすぐに突っ込んでくる。サッカーの要領で左右にフェイントをかけたら、面白いくらい出し抜けた。そのまま三十メートル独走すると、後ろから大声が聞こえた。

「そこ、そこに球を置け!」

ぼくはトライさえ知らずに、初トライした。

オッパラさんは国士舘大学ラグビー部の出身だった。ほかの部員も帝国ホテルでも硬派で知られるおっかない人たちで、それからは毎週のように練習だ、試合だ、飲み会だと連れ回されるようになった。

この飲み会がハードだった。「返杯」というゲームがあった。

「三國、返杯やるぞ」。オッパラさんがそう言って、コップの酒を飲み干す。ぼくも飲み干す。それを見届けて、オッパラさんが飲む。ぼくが飲む……。ゲームといっても、そうやってどちらかが酔い潰れるまで交互に飲むだけのことだ。

相手は大人で、こっちはまだ十八か十九だ。何回も潰された。

朝目が覚めたら、仮眠ベッドに血だらけで寝ていたことがある。地下鉄の階段かどこかで転んで怪我をしてホテルに戻り、泊まりの従業員のための部屋にもぐりこんで寝ていたらしい。あたりに血の跡がついていて大騒ぎになったが、自分がどうやってベッドに辿り着いたのかも憶えていない。血だらけのまま病院に行き、包帯を巻かれて厨房に戻ったら、料理長に怒られた。

「なにやってんだ」

「すいません、昨日の晩酔っ払って……」

「働けるか？」

「大丈夫です」

「よし、じゃあ許す。働け」

そういう時代だった。


もちろん毎晩そんなことをしていたわけではない。

洗い場の仕事が終わった後は、氷彫刻家の奥富秀吉《おくとみひできち》先生のところに通った。氷彫刻は帝国ホテルの宴会を象徴するひとつの芸術だ。

たとえば有名な「孔雀の間」は広さが二千平米近くある。向こうの壁が霞むほど広大な宴会場でのパーティに、龍や鳳凰や富士山の巨大な氷像は欠かせない。

奥富先生は名人と謳われた人だ。

氷彫刻には時間の宿命がある。時間がたてば氷は溶ける。だから普通は彫り上げて会場に据えた瞬間が最も美しい。ところが奥富先生の氷像は、時間の経過とともに完成度を高めていく。長い宴会が終わる頃、奥富先生の彫った氷像は真の姿を現す。氷の溶け具合、水の流れまで計算に入れて彫るからだ。刃物だけでなく、溶ける水によって彫刻を完成させるわけだ。先生の氷の鶴は今も瞼《まぶた》に焼きついている。太彫りした鶴が少しずつ溶けてゆき、宴会もたけなわとなる頃には輝くように美しい鶴に姿を変えている。見事なものだった。

その名人技を間近に見たくて、ぼくは先生の手伝いを買って出た。

氷像は宴会が終わった後、砕いて水に流す。人の身体の何倍もの大きさの氷像を細かく砕いて水に流すのは重労働だ。奥富先生は弟子を連れていたが、それでも手が足りないくらいだった。

宴会が終わるのは夜の十一時くらい、それから氷像を片づけ始めるので終わるのはいつも真夜中だった。作業が終わると、奥富先生は帝国ホテル近くのラーメン屋に連れて行ってくれた。懐かしい味噌ラーメンの店だった。

増毛に帰って、親父のように漁師をやろうと思った

札幌時代も、先輩方にすすきのでラーメンを奢ってもらった。

皿洗いをしてラーメン。氷を砕いてラーメン。

ラーメンに恨みはない。今も好きだ。

ラーメンは下働き時代の勲章みたいなものだ。

なにかというとラーメンを食べていた。

そして、ずっと皿洗いをしていた。

帝国ホテルの洗い場に入って、半年が経ち、一年が過ぎ、二年目の一九七四年八月十日、ぼくは二十歳になった。

それでも相変わらず仕事は洗い物だった。

洗い場は料理人の最初の一歩ではあるが、二年間も洗い物をする人はめったにいない。ぼくのほかには。洗い場で働く以外に道がなかった。

頼みの綱の、パートタイムから社員になる道はある日、煙のように消えた。

嘘みたいな話だけれど、その制度はぼくの直前、二十七番目に履歴書を出していたシノハラ君が社員に採用されたあと終了になったのだ。

シノハラ君はぼくの相棒だった。「グリル」の洗い場で、二人で早番と遅番を交代しながら働いていた仲だ。そのシノハラ君が社員になって、次はいよいよぼくの番というときに、そういうことになってしまった。

時代の流れだ。

帝国ホテルに限らず当時の日本の企業には、正規の就職試験とは別に、アルバイトやパートタイムで一定期間働いて、仕事ぶりが認められると社員に昇格させる制度があった。丁稚奉公から手代になった昔の名残だろう。制度というより慣習みたいなものだったのかもしれない。ぼくの場合も、パートで働けば社員になれると言われてはいたものの、契約書を交わしたわけではなかった。

あの時代は多くの企業が、その古い慣習を廃止した。丁稚奉公は今なら労基法違反だ。年端《とし》《は》も行かない子どもを一定期間とはいえ低い賃金で働かせるわけだから。

企業の近代化だ。帝国ホテルもその流れを受け入れた。

そして、ぼくは梯子《はしご》を外された。

中卒で入社試験を受ける資格のなかったぼくには、帝国ホテルの社員になる方法がなくなってしまった。

社員になれないから、二十歳を過ぎても洗い物をするしかなかった。

人生で初めて経験する挫折だった。

なんとかなる。

心の底に、ずっとその言葉がある。

子どもの頃からずっと。今もそう思っている。

たいていのことは、なんとかなったから。他人が不可能だということも、なんとかして可能にしてきた。かっこつけて言うと、不可能を可能にするのが、ぼくの人生の目標だとさえ思っている。

趣味はなかったが、札幌時代から本屋にだけはよく通った。料理の本を探すためだけど、違う分野の本を買うこともあった。松下幸之助さんの『道をひらく』もそういう一冊だった。働くだけの一日が終わり、寝る前に少しずつ読んだ。

短い文章だが、不思議なくらい、そのときの自分の心に響くことが書かれていた。どんなに辛いときでも、自分のやるべき目の前の仕事に一所懸命になれたのは、あの本のおかげだ。「憂事に直面しても、これをおそれてはならない」と松下さんは書いている。しりごみせず、正々堂々と取り組んで、力をしぼり、知恵をしぼれば、そこから必ず新しい道がひらけてくる。不可能は可能にできる、と。

東京に来てからも、そう信じて毎日を生きていた。

あのときばかりはそう思えなかった。

ぼくは帝国ホテルの社員にはなれない。

帝国ホテルの壁は高かった。自分なら乗り越えられると信じていたけれど、こうなってしまっては、どんな知恵も浮かばなかった。

村上総料理長にも、どうにもならないようだった。

「きょうの料理」の撮影を通して、助手としてぼくを信頼してくれているらしいのは感じていたけれど、必要な会話しかしなかった。村上さんはぼくとの距離をそれ以上に近づけようとはしなかった。

いつまで経っても、ぼくはパートタイムの洗い場係だった。

増毛に帰ろうと思った。

東京には星の数ほどホテルがある。

帝国ホテルが駄目なら、他のホテルがある。ホテルでなくても、街のレストランで料理人を目指すことだってできるじゃないか。

普通はそう考えるのかもしれない。

札幌時代から四年も厨房で働いてきた。じゃがいもだってにんじんだって、誰より上手く剝ける。オムレツだって作れる、ステーキも焼ける。

そして、ぼくはまだ二十歳になったばかりだった。

いくらでも他の選択肢があるはずなのに、それは一瞬たりとも考えなかった。

なにかを目指すとそれ以外のことがなにも目に入らなくなる。

なにも目に入らないからこそ馬鹿力が出る。来る日も来る日も洗い場に立ち、全力で皿を洗い鍋を洗うことができたんだと思う。

オリンピックで銀メダルを取ったのに、わんわん泣いてしまう人が時々いる。嬉し涙ではない。金メダルじゃなきゃ嫌だと泣くのだ。欲しい玩具を買ってもらえない子どもみたいに。

ぼくはそういう選手の気持ちが痛いほどよくわかる。

いいことなのか悪いことなのかはわからないけど、ぼくには帝国ホテルしか見えていなかった。

まあそれだけじゃなくて、他を知らなかったということもある。

帝国ホテルの社員になれないことがはっきりしたとき、ぼくは「マキシム・ド・パリ」の料理長、浅野和夫さんに雇ってほしいと手紙を書いた。

「マキシム・ド・パリ」だけは知っていた。

フランスのパリでいちばん有名な超高級レストランが、そのまま東京の銀座に開業したと言われていた。料理長はフランス人と日本人の二人体制。日本人料理長が浅野さんだった。

そのときはそういう詳しい事情はなにもわからなかった。誰かが「マキシム・ド・パリ」のことを話しているのを聞いたのだと思う。とにかく帝国ホテルがそうであるように、「マキシム・ド・パリ」は別格だということをぼくはどういうわけだか知っていた。知っていたというより、心の中のなにかがざわざわとそう言っていた。

「マキシム・ド・パリ」なら働いてもいいと思った。

とんでもない思い上がりだ。

厨房にはパリの本店から何人も料理人が派遣されていた。たとえ洗い場だって、ぼくの入れる余地などどこにもない。

さすがのぼくも、それくらいはわかっていた。駄目で元々と手紙を書いた。

驚いたことに、浅野さんは返事をくれた。

丁寧な手紙だった。日本でいちばん豪華なフランス料理のレストランの料理長が返事をくれたことが嬉しかった。

もちろん断りの手紙だったけれど。それで心の整理がついた。

増毛に帰って、親父のように漁師をやろうと思った。

増毛に帰るのは嫌でたまらなかった。増毛では何ひとつついいことがなかった。

けれど、他に未来は見えなかった。

帝国ホテルにあるすべての鍋を磨いた、とにかく爪痕を残したかった

八月に二十歳になって、その年いっぱい洗い場で働いて辞めることにした。

結局は札幌グランドホテルの先輩方に言われた通りになった。人買いにさらわれて売られることもなかったし、米の飯もちゃんと食べさせてもらえたけれど。都会は厳しかった。田舎者には通用しなかった。

そうとわかってしまえば、迷いはなかった。帝国ホテルに入って、日本一の料理人になる夢はすっぱり諦めた。

あんなに無理だやめろと、とめられながら出てきた札幌グランドホテルには、今さら戻れるわけがない。十二月まで働いたら、増毛に帰るだけだ。

ただ、ひとつだけ。なんでもいいから、爪痕を残したかった。

ぼくがここで働いていたことなんて、すぐに忘れられてしまうだろう。

それは仕方がない。せめて自分の心の中にだけは、帝国ホテルで働いたことを刻みつけておきたかった。

それで「グリル」の料理長に頼みごとをした。

「早番の仕事が終わったら、他のレストランの洗い物してもいいですか」

帝国ホテルには十八の料理店があった。そのすべての店を回ろうと思った。

料理長は不思議そうな顔をしたけれど、とにかく許してくれた。どこの厨房の洗い場も慢性的に人手が足りなかった。

それがわかっていたから思いついたことだ。帝国ホテルでは、とうとうじゃがいもひとつ剝かせてもらえなかった。最後だからとお願いしても、たぶん絶対に許されない。だけど洗い場なら話は別だ。二年もここで働いたぼくは洗い物のプロだ。

それから早番の日の夜には、他の店の洗い場に立った。帝国ホテルのメインダイニング、「フォンテンブロー」から始めて一軒ずつ。

もうなにも考えず、ひたすら皿を洗い鍋を磨いた。とにかくすべての店のすべての鍋を磨いてやろうと決めていた。

料理人にはなれなかったけど、俺は帝国ホテルの十八軒全部のレストランの全部の鍋をピカピカに磨き上げる。そんなことをした人間は誰もいない。過去にも、おそらく未来にも。ならばそれは立派な爪痕だ。少なくとも、なにもせずに帝国ホテルを辞めるわけじゃない。

そう思えば、鍋磨きにも精が出た。明日の朝、厨房に出てきた誰かがびっくりするほど、ピカピカになるまで鍋を磨いてやる。

毎日、毎日、何十個も鍋を磨いた。

鍋磨きを始めて三ヶ月が過ぎ、十月の終わり頃だった。

総料理長室に来なさいという連絡をもらった。

ついに来たと思った。

総料理長は、ぼくに引導を渡すつもりだろう。先の見込みはないのだから。

村上さんには辞める前に挨拶にいかなければと思っていたので、ちょうどいいと思った。

総料理長室のドアを、二年前と同じようにノックした。

「三國です」

「入りなさい」

村上さんは普段通りの穏やかな声で言った。

「三國君、実はね……」

最初はなにを言われたのかわからなかった。

「ここにいたらいつまでも皿洗いだ。北海道に帰りなさい」

そういうことを言われるとばかり思っていたから。

村上さんの話はあまりにも荒唐無稽《こうとうむけい》で、ぼくの理解力を超えていた。帝国ホテルの役員にすると言われても、たぶんそれほどは驚かなかっただろう。

村上さんはこう言ったのだ。

「三國君、ジュネーブに行きなさい。君を大使の料理人に推薦しました」

飛行機から見下ろしたジュネーブは、建物より緑の多い落ち着いた街だった

こういう話だ。

スイスのジュネーブに赴任する小木曽本雄《おぎそもとお》大使から、旧知の村上さんに専属の料理人を推薦してほしいという依頼があったのだそうだ。

「君に決めたから。出国は年明けです」

やってみる気はないか、という問いかけではなかった。

命令口調で、君に決めたからと言われた。でもそれは、上司として部下に仕事を命じるという調子ではなかった。君のためになるから迷わず行きなさいと、村上さんに言われた気がした。

大使専属の料理人になるというのがどういうことか、なにをするのかもよくわからないいま、ぼくは「わかりました」と返事をした。

朱文別の浜の景色が頭をかすめた。年明けに自分はスイスに行くらしい。増毛には帰らな

くてもいいんだ。それだけは嬉しかった。

だけど、なんで俺なんだ。料理なんて一度も作ってないのに。

小木曽大使夫妻との面接の日のことだ。

大使専属の料理人は、大使と契約して雇用関係を結ぶことになっていた。大使がぼくの雇用主になるわけだ。身分は公邸料理人。公務員ではないが、公務で海外渡航する公用パスポートが発給される。

時間が経つにつれ、大使の料理人になることが、料理人にとってどれだけすごいことかわかりはじめていた。靴を磨き、床屋に行って、その日の朝を迎えた。

そしてぼくはとんでもなく馬鹿なことをした。

面接場所は帝国ホテルだった。

朝早く起きて、予定時刻より何時間も前に準備をすっかり整え、板橋のアパートを出るときに、大切な日だからタクシーで行こうと思ったのだ。時間には十分な余裕があったけど、一分でも早くホテルに着いて心の準備をしたかった。

今日はタクシーで帝国ホテルの正面玄関に乗りつけよう。

手を上げてタクシーを停め、後部座席に座った。

「帝国ホテルまで」

運転手さんが、ちらりとバックミラーでぼくの顔を見る。

いい気分だった。タクシーなんて乗ったことがなかったから、東京の平日朝の道路がどれだけ混雑するか知らなかった。

一時間前には着くはずだったのに、三十分前になり、十分前になり、約束の時刻になってもぼくはタクシーの中で、しかも絶望的な渋滞に巻き込まれていた。

正面玄関どころじゃなくなった。通用口でタクシーを跳び降り、エレベーターに飛び乗り、息を切らして応接室のドアをノックしたときには、一時間の遅刻だった。

ドアを開けた瞬間、村上さんの大音声が応接室に轟《とどろ》いた。

「き……貴様ぁ！」

烈火の如く怒っていた。いつもは温和だが、中身は講道館柔道六段の猛者《もさ》だ。中国大陸の激戦を生き延び、シベリアでの二年の抑留生活を耐え抜いた元帝国陸軍だ。空気が震える剣幕だった。あまりに壮絶に怒るので、大使夫妻が「まあ、まあ、村上さん」と、割って入ったほどだった。

村上さんが帝国ホテルであんな大声を出したのは、後にも先にもあのときだけだったと思う。総料理長が人前で怒るのを誰も見たことがない。帝国ホテルの厨房での鉄拳制裁と大声の叱責を禁じた最初の料理長なのだ。怒られたのは当然だけど、あんなに激しく怒った理由は三年九ヶ月後に知った。とにかくその場は大使夫妻の仲裁で事なきを得て、ぼくは二十歳で大使の料理人に採用された。

翌年の年明け、ジュネーブに赴任する小木曽大使の一行として、羽田空港から飛行機に乗った。アラスカのアンカレッジ空港で給油して、ヨーロッパまで三十時間の空の旅だ。飛行機に乗るのはもちろん初めてだった。

海外渡航の自由化から十年、誰かが外国に行くとなれば、一族郎党友人知人が羽田空港に集まり水杯を交わして別れを惜しんだ時代だ。空港のロビーには大使夫妻を見送る人が大勢いたが、ぼくの見送りは誰もいない。

お袋にだけは電話をかけた。東京に出てから、一度も家に帰っていない。ホテルで働いていることも知らせなかった。お袋は帝国ホテルを知らないだろうから。電話口でスイスに行くと言うと、さすがに驚いた。「名誉なことだ」と喜んでくれた。故郷に錦を飾るのはだいぶ先になりそうだけど、少しは親孝行ができた気がした。

三十時間後に飛行機の窓から見下ろしたジュネーブは、建物よりも緑の多い落ち着いた街だった。国際都市というから、どんな大きな都会かと想像していたが、雪をかぶった山に囲まれたジュネーブは、東京より札幌に似ていた。不安が少し和らいだ。

平静を装っていたが、心の中は大嵐だった。

大使の料理人が、ぼくに務まるのか。大使公邸の料理人はぼく一人だ。ほかに執事やメイドがいると聞いてはいたが、料理を作るのはあくまでもこのぼくだ。料理人一人とはいえ、ぼくが料理長だった。二年間皿洗いしかしていないぼくが、大使公邸の料理長なのだ。

だいたい、どんな料理を作ればいいんだろう。

オムレツやステーキを焼くことくらいならできるけど、そんなことで間に合うのだろうか。帝国ホテルの厨房で見たのは、札幌グランドホテルの「原生林」とは別次元の料理だった。やっぱり正式な夕食ともなれば、フランス料理なんじゃないか。帝国ホテルの厨房で先輩たちがフランス料理を作っているのは見た。鍋に残ったソースの味を見るくらいのことはした。フランス料理の専門書も買って読んだ。

でも、作ったことは一度もない。

それどころか、一度もその正式なフランス料理なるものを食べたことがない。

「大丈夫です」

村上さんは、なぜか自信たっぷりに請け合ってくれたけど。

「それより重要なことがあります。ジュネーブに着任した最初の晩に、かならず大使と奥様に面会してご挨拶をしなさい。そのときに大使のことを『閣下』とお呼びするのですよ。これだけは絶対に忘れないように」

ベルソア街にあるプール付きの大使公邸にぼくの部屋が用意されていた。ベッドも寝具も、暮らしに必要なものは一通り備えられている。日本から持ってきた荷物はカバン一つだ。中身は衣類と何冊かの本と、出発前に購入したフランス語学習教材のリンガフォン。ジュネーブはフランス語圏だ。現地採用の運転手も執事もフランス語を話した。そのリンガフォン一式を机にセットして、引っ越しは終わった。

着任一日目のその夜、大使夫妻に面会してご挨拶をした。村上さんに何度も念を押されていたからまず、「閣下……」と言ったら、大使が大笑いした。

「閣下とは大袈裟だね。三國君、大使でいいよ」

気さくにそう言われたので、また少しだけ肩の荷物が軽くなった。

小木曽大使はジュネーブの軍縮会議日本政府代表部に派遣された特命全権大使だった。国際法の専門家で外交官でありながら学者肌の方だった。後にわかるが、普段は無口でめったに口を開かない人だった。運転手に行き先も告げない。現地採用のスイス人の運転手が、大使の行き先はいつも事前に自分で調べなきゃいけないとぼやいていた。夕食後はサロンでお好きなブランデーを飲みながら、クラシック音楽を黙って聞くのが常だった。閣下という大袈裟な敬称がよほどおかしかったのだろう。ましてそれを二十歳のぼくが、しゃっちょこばって口にしたものだから……。

「アメリカの大使を招いて正式な晩餐会があります。人数は十二名です」


ここで少しだけ、三年九ヶ月後の話をする。

大使の料理人をなんとか務め上げ、明日は日本に帰るという前の晩、小木曽夫妻に呼ばれた。奥様がこんな話をしてくれた。

「私たち最初は村上さんにお断りしたんですよ。三國さんが二十歳だと伺って、あまりにもお若いので無理だろうと思いました。三國さんは私たちの息子と同い年ですからね。二十歳の若者がどんなに頼りないかはよく知っていましたから」

そう言って笑うと、奥様は表情を改めた。

「ですけど、私たちがお断りしたら村上さんが仰ったんです。『あの若者なら大丈夫です。私を信じてください』と。村上さんがそこまで仰るので、それ以上断れなかったんです。三國さん、日本に帰ったら村上料理長を生涯大切になさい」

大使が同意するというように、奥様の隣でひとつ頷いた。ぼくが面接に遅刻したとき、あんなに激怒した理由もそれでわかった。目頭が熱くなって「わかりました」と下げた頭が上げられなくなった。

帝国ホテルには料理人が五百二十人もいたのに、村上さんはなぜよりによって洗い場のぼくを選んだのか。

その理由がずっとわからなかった。ほんとうのところは今もわからない。村上さんとはそれから何十回もお会いしたけれど、なぜだかその話はしたことがない。

村上さんからは三つのことを守りなさいと言われた。

大使を閣下と呼ぶこと。十年修業すること。収入は自己投資に使うこと。

「十年修業しなさい。そして働いて得た収入は自己投資しなさい。美術館に行き、音楽を聴き、なによりもいいレストランで食事をしなさい。辛抱して勉強しなさい。十年後には、必ず君たちの時代が来ます」

総料理長はそう言って、ヨーロッパに送り出してくれた。大使夫妻の信頼を裏切ることになるかもしれないのに、自分の信用まで賭けて。

なぜそこまでしてくれたのか。

正直に言えば、帝国ホテルでは距離を感じることの方が多かった。番組収録の手伝いだけでなく、鞄持ちで北海道に連れて行かれたこともあった。東京オリンピック選手村食堂の料理長をしたときに全国から集めた三百人の料理人たちが、各地で定期的に村上さんを囲む会を開催していたのだ。地方でも、ホテルにいるときと態度は変わらなかった。ある程度親しくなっても、いつも一線を越えることはなかった。

さらに長い時が流れてからのことだ。

村上さんは生涯現役を貫いて、八十四歳で世を去った。お葬式で出棺するとき、村上さんのご長女に呼ばれ、火葬のあとご家族と一緒にお骨を拾った。

そのときに、ご長女がこんな話をしてくれた。

「家では料理の話も仕事場の話も一切しない父が、あなたのことだけはよく話してたのよ。三國さんが初めて帝国に来たときも、『すごいやつが入って来た』って」

ぼくのどこを認めてくれていたのだろう。

いや、なにかを認めたということではないのかもしれない。

村上さんが料理の世界に入ったのは尋常小学校の六年生のときだった。その前の年にご両親を亡くしていた。浅草の「ブラジルコーヒー」が最初の修業先だった。やがて帝国ホテルを知って願書を出した。返事が来ないので、帝国ホテルの庶務課に毎月押しかけたらしい。

時代が違うとはいえ、村上さんはぼくよりずっと早くから苦労を重ねていた。ぼくは中卒なのを恨んでいたが、村上さんは小学校の卒業証書さえもらっていない。村上さんの自伝を読んでぼくは親近感を覚えたが、それは村上さんも同じだったのかもしれない。帝国ホテルに入ったのも同じ十八歳だった。若い村上さんも調理場に立たせてもらえず、長い間鍋磨きをしていた。そしてなによりも、その後村上さんはヨーロッパに渡り、ベルギーの日本大使公邸で料理長になった……。


村上さんが「私を信じてください」と言ったのは、ぼくの向こうに昔の自分を見ていたのだと思う。二年間も洗い場にいたぼくのことを、村上さんはもしかしたらぼく自身よりも理解してくださっていたのかもしれない。

「鍋洗いひとつとっても要領とセンスが良かった」と、村上さんは自伝の中でぼくのことを書いてくださっていた。「ちょっとした雑用でも、シェフの仕事の段取りを見極め、いいタイミングでサポートする」「彼は素材に合わせて、じつに巧みに塩をふっていた」と。

そんな素振りは少しもなかったけど、ずっと見てくれていたのだ。

在外大使館の料理人を経験し、帰国してさらに出世するのが帝国ホテルの伝統的なエリートコースだ。村上さんもその一人だった。

ぼくの場合は片道切符だったけど、村上さんは自分がヨーロッパに旅立ったときの気持ちで、ぼくを送り出してくれたのだと今は確信している。

だからこそ、あんなに閣下という敬称にこだわった。きっとベルギーの大使館でなにかあったのだ。そして、とにかく勉強すること、料理の技術だけでなく、文化を吸収して帰ってくることを、ぼくに固く約束させた。

とはいえ。

そのときのぼくは、村上さんの深い思いなど知る由もない。

目の前の難問で頭がいっぱいだった。

大使夫妻への挨拶は無事に終わった。

その後が、問題だった。

大使が言った。

「アメリカの大使を招いて正式な晩餐会があります。人数は十二名です」

恐れていたことが現実になった。しかも、こんなにも早く。

正式な晩餐会の料理とはフランス料理のことだ。十二人分のフランス料理のフルコースのディナーを作るのは、もちろんぼくの仕事だった。

「いつでしょうか」

おそるおそる聞いた。

大使がさらりと告げた。

「一週間後です」

Avec amour et
gratitude
3

“料理人の神様” と称された村上信夫総料理長と。神様の背中を追いかけて、ぼくも髭を剃るのをやめた。

第四章　悪魔の厨房

「それなのに、どうして私の好きな料理を知っているんだろう」


大使の料理人の仕事は、大きく分ければ二つあった。

大使家族の日々の食事を作ること、大使の招く賓客《ひんきゃく》の食事を作ること。

この賓客が、ぼくには大変な人たちだった。

小木曽大使がジュネーブに赴任したのは、核軍縮や核兵器の不拡散など世界的な軍事上の諸問題を各国が派遣した大使と話し合うためだ。数々の条約の締結や努力目標の設定を目指し、各国代表は侃々諤々《かんかんがくがく》の議論を何年も何十年も続けている。議論をするのは軍縮会議の場でも、それぞれの国にはそれぞれの利益も思惑も考え方もあるから、公的な会議の話し合いだけではなかなか物事が決まらない。各国の代表は水面下で非公式な話し合いをして、綱引きをしたり取引をしたりするわけだ。

公邸の晩餐会は、その水面下の綱引きの場でもあった。

国際会議とはいいえ、現場では結局人間関係だ。人間関係を結ぶには、荒っぽく言えば、一緒に飯を喰うのがいちばん手っ取り早い。いつもは対立している国の代表たちも、そこだけは同じ考えだった。

公邸料理長の責任は重大だった。

小木曽大使の招く賓客の多くは相手国の大使だ。そして大使というのは、なにしろ国の全権を背負う人たちだから、ただの外交官ではない。上層階級の出身者が多いから舌は当然肥えている。ましてジュネーブはフランス語圏の国際都市だ、フランス料理の名店は少なくない。高級フランス料理を日頃食べ慣れている人たちばかりだ。

そういう賓客たちの口に合うフランス料理を作るのが、ぼくの使命だった。

不味《まず》いなんてことになったら、小木曽大使の顔に泥を塗ることになる。

それだけは絶対に避けなければいけない。

一週間後にアメリカ合衆国の大使を招いての晩餐会。その一週間後にソビエト社会主義共和国連邦の代表を招いての晩餐会。人数はそれぞれ六組十二人。当時はアメリカ代表とソ連代表は同席させないという不文律があった。

それがぼくの初仕事だった。

本格的なフランス料理を作るのも、フルコースの料理を作るのも、十二人分の料理を一度に作るのも、なにもかも初めてだ。

頭の中はパニックになりそうだったが、そうなればなったで妙に心のどこかが落ち着いた。どんなに焦っても、急になにかができるようになるわけじゃない。嵐の海であれこれ想像して、心配したり不安になっても、なんの役にも立たない。自分にできるのは、いつも目の前のことだけだ。公邸の厨房でもそれは同じだ。

公邸ではスペイン人の夫妻が使用人として働いていた。純朴で温かい人たちで、この夫婦にはどれだけ助けられたかわからない。彼らは小木曽大使の先任の大使時代から働いていたので、晩餐会の段取りも熟知していた。

ぼくは真っ先に彼らと相談して、アメリカの大使が普段行っている料理店を探すことにした。大使が贔屓《ひいき》にしている料理店がすぐ見つかった。「オーベルジュ・ドゥ・リオン・ドール」。フランス料理の名店だった。ジュネーブは大都市ではないし、外交関係者が頻繁に使うレストランは限られていた。

その「リオン・ドール」に連絡して、研修を頼み込んだ。日本の大使の料理人と名乗ったら、驚くほど協力的だった。外交関係者は店の上客なのだ。

念のために言うと、この頃のぼくはフランス語がまったくわからない。店との交渉は大使館の通訳にお願いした。通訳が使えるのは、公邸料理人のいちばんのメリットかもしれない。フランス語でなんとかコミュニケーションできるようになるまでの苦労を、ぼくはあまりしていない。しばらくの間は、公邸の外でなにをするにも通訳の方の世話になった。「リオン・ドール」にも、通訳がついて来てくれた。大リーグの大谷翔平選手みたいなもんだ。


毎日通って、前菜からデザートまで料理を完全にコピーした。

フランス料理には無数のテクニックがある。すべて習得しようとしたら何年もかかるだろう。けれど、一皿の料理を作るのに必要な技術はそれほど多くない。

この前菜の材料はなにとなにで、それをどう切って、どう組み合わせるか。さらにはその食材をどこの店から仕入れるかまで。プラモデルの組み立てみたいに、フルコースを構成する個々の料理を作るための情報を、全部こと細かに教えてもらいながら、その場でぼくが作ってみる。公邸の厨房に戻って、同じ料理をまた作る。

それだけを一週間続けて、わかったことがひとつある。

フランス料理だろうがなんだろうが、料理は料理なのだ。

切る、火を入れる、味をつける。基本はそれだけだ。その切り方、火の入れ方、味のつけ方には細かな違いがある。食材に火を入れるのでも、ポワレ（カリッと焼く）するのかグリル（網焼き）なのかロティール（ロースト。オーブンで焼く）なのか、はたまたポシェ（茹でる）か。技法がいろいろあって、それぞれを表すフランス語が細かく決まっているから、知らないうちは混乱する。けれど逆に憶えてしまえば間違いが少ない。料理は料理だけど、フランス料理は案外論理的だった。理屈っぽくて、議論好きなフランス人らしい。

料理の基本は、どこでも一緒なのだ。日本にいたとき、フランス料理は遠い外国の特別な料理だった。ここでは、ただの料理だった。

そしてただの料理である以上、大切なことも同じだった。

まあ、そんな冷静なことを言えるのは、四十年以上も経った今だからだ。あのときは、思索に耽《ふけ》る暇なんて一秒もなかった。ただ、必死だった。

一週間寝る間を惜しんで準備して、あっという間にその日の朝を迎えた。

朝から下ごしらえを始め、無我夢中で十二人分の料理を作り続けた。十二人分の前菜、十二人分のサラダ、十二人分のスープ、十二人分の……。

お客さん方のお口に合うかどうかなんて、もう考えていられなかった。口に合うもなにも料理がテーブルに乗らなければ話にならない。一人あたりの皿数は、前菜からデザートまで六皿。十二人分だから全部で七十二皿。とにかく七十二皿の料理を一人で仕上げなきゃいけない。教わった通りの手順と味を間違えないように、それだけは気をつけながら目の前の皿を次から次に仕上げていった。

最後のデザートまですべての料理をなんとか出し終えた。奇跡だ。放心状態で戦場みたいに散らかった調理台を片付けていると、厨房の入り口に小木曽大使が姿を見せた。なにかやらかしてしまったのかと一瞬焦ったが、大使は笑顔だった。

「ありがとう、三國君。上出来だったよ。みなさんも満足してお帰りになった。ただね、アメリカの大使がどうしてもわからないと首を傾《かし》げていた。あなたの料理人は先週あなたと一緒に日本から来たんだろう、って言うんだ」

小木曽大使の口調はどこか愉快そうだった。ぼくが「リオン・ドール」に通っていた話を、誰かから聞いたのかもしれない。

「それなのに、どうして私の好きな料理を知っているんだろう、とね」

その晩のメインディッシュはマスタードソースを添えたウサギ料理。「リオン・ドール」の料理長が内緒で教えてくれた、アメリカ大使の大好物だった。

人は彼をモザー、すなわちモーツァルトと呼ぶ。天才・ジラルデ

フランス料理の厨房は、軍隊と似ている。

厨房の頂点はシェフ・ド・キュイジーヌ、つまり総料理長だ。下にスーシェフ・ド・キュイジーヌ、副料理長がいて、さらにその下にシェフ・ド・パルティ、直訳すれば部門シェフがいる。

前菜担当、魚料理担当、肉料理担当、エトセトラ、エトセトラ……。担当する料理ごとにチームが分かれていて、それぞれのトップがシェフ・ド・パルティだ。

どう分けるかは、店の規模とシェフの考え方による。いろいろバリエーションがあるわけだ。チーム分けするほど料理人がいない店は、いくつかの担当を一人で兼任することもある。規模の大きな店では、たとえば同じ前菜担当内でも、スープや前菜、卵料理を作るアントルメティエ、魚料理を担当するポワソニエとか、部門の中でもトップでソース作りを担当するソーシエなど役割をさらに細分化したりもする。

オーギュスト・エスコフィエが、フランス軍の組織を参考にこのシステムを作ったと言わ

れている。長所は、それぞれの仕事と責任が明確なことだ。

肉料理の担当者は、朝から晩まで肉を切り、肉を焼く。前菜担当は、前菜をひたすら作る。毎日それればかりをやっているから、各担当者の仕事の間違いは少ない。各部門が完成度の高い料理を作る。それをシェフが統率する。極めて効率がいいし、教育方法としても優れている。

料理を志す若者はアプランティ、見習いとして厨房に入り、皿洗いとか運び屋とか野菜の下処理とかの雑用から始めて、仕事ができるようになるにつれ、あっちこっちの部門担当を経験しながら技術を習得していく。シェフに上りつめる頃には、厨房内の仕事は一通りできるようになっている。トップが全部の仕事を知っているから、仕事の指示も的確だし、部下の力量も見抜けるというわけだ。すべてのアプランティが最終的にシェフになれるわけではもちろんないけれど。

帝国ホテルでもそれはほぼ同じだったけど、ぼくの場合は最下層のアプランティから、中間をすっとばしていきなり厨房の最高責任者になってしまった。とはいってもたった一人のシェフだから、それこそ皿洗いから盛りつけまで、なにからなにまで自分でやらなきゃいけない。

そういう意味では特殊な環境だったけど、やはり恵まれていたと思う。

料理人として歩き始めたばかりのこの時期に、毎日一から十まで全部自分で献立を考え、料理を作る経験をさせてもらった。そのすべてが修業だったし、あの時期に経験したことすべてが後の糧になった。

もっとも修業だなんて言ったら、大使夫妻に申し訳ない。

お二人が必要としていたのは、熟練した料理人であって、若造のアプランティなどではなかったのだから。

先述した通り、公邸のダイニングルームは外交の場でもある。特に小木曽大使は、普通の大使ではなかった。冷戦のまっただ中で、米ソ間が常に緊張していた時代に、人類最大の課題である核軍縮交渉に取り組まれていた。

諸外国の大使や外交官を招いての晩餐は、ぼくにとっては料理の腕を磨くまたとない場だったけど、そこは小木曽大使の真剣勝負の仕事の場だったのだ。

あぶなっかしいと思いながら、ぼくのことを見ていたはずだ。初めての晩餐会であんなに喜んでくださったのも、裏を返せばそれだけ心配されていたのだろう。それでも若いひよっこの料理人に任せてくれた。大人の度量にぼくは育てられたのだ。大使から小言をもらったり、注意を受けた記憶がない。

それはぼくの料理が完璧だったからでは決してないはずだ。失敗や間違いは、たぶんいくつもあった。黙ってそれを許し、ぼくの自由にやらせてくれたのだと思う。

ぼくが作ったのはフランス料理ばかりではない。夫妻が普段召し上がるのは、むしろ日本料理や中華料理の方が多かった。それを作るのも、ぼくの重要な仕事だった。

経験のない料理を、どうやって作ったか。最初の晩餐会と同じだ。

日本料理ならジュネーブには「山川」という名店があった。ヨーロッパの日本料理店の草分けで、板前は日本人だった。この人のところに駆け込んで、出汁の取り方からかつら剝きまで細かくレクチャーを受け、翌日の食卓に本格的な日本料理をお出しする。料理は完全なる模写だ。大使は鰻《うなぎ》がお好きだったから、鰻の蒲焼きもよく作った。鰻は日本から空輸した上質なものだった。鰻の焼き方も蒸し方もたれの作り方も「山川」で教わった。味噌、醬油、出汁という日本料理の基本を学び、親子丼から懐石料理まで、たいがいの料理は作れるようになった。

駆け出しの若造には、大使公邸の厨房は普通じゃ考えられないくらい恵まれた環境ではあったが、決定的に欠けているものがあった。

ぼくには師匠がいなかった。

「山川」や「オーベルジュ・ドゥ・リオン・ドール」で個々の料理の作り方を教わりはしたが、それは本の必要な部分だけ暗記するのと同じで、全体を読んだことにはならない。いつまでたっても、暗記した料理しか作れない。フランス料理という壮大なストーリーの全体を読んでみたかったし、それがヨーロッパに来たもうひとつの理由でもあった。そのためにも、腕のいい本物の料理人のいる店で働いてみたかった。

村上さんが十年勉強しなさいと言ったのは、大使館で十年働きなさいという意味ではない。小木曽大使の任期は二年だから、ぼくの契約も二年だった。その二年が過ぎたら、どこかの厨房に入って修業するのは暗黙の了解だった。

もしかしたら村上さんは、ぼくが公邸を追い出される可能性も考えに入れていたのかもしれない。万が一そうなっても、尻尾を巻いて日本に帰るなと。少なくとも十年は向こうで修業しなさいと、念を押したのだ。

村上さんもベルギーの大使館での仕事を終えた後、パリのホテル・リッツの厨房で研修している。エスコフィエがホテル王セザール・リッツと組んで作った世界最高峰のホテルであり、厨房にはエスコフィエその人の下で修業した料理人が、当時はまだいたらしい。

ぼくはせっかちだから、その二年が待てなかった。

大使がニューヨークの国連本部での会議に出席するため、ぼくは八月の一ヶ月間休暇をもらえることになった。まずはその一ヶ月間、どこかの厨房で働かせてもらおうと思った。いい店がないものかと考え始めた頃、噂を聞いた。ローザンヌ郊外のクリシエという小さな村のレストランの話だ。

開業して数年のまだ新しい店だが、近頃はジュネーブの食通の間で話題になっているらしい。シェフの名はフレディ・ジラルデ。人は彼をモザー、すなわちモーツァルトと呼ぶ。天才ということだろう。

この人だと思った。この人の厨房を見たい。

洗い場に汚れた鍋が重なっているのを見て、これだと思った。迷わず洗い始めた

ジュネーブからローザンヌまで汽車で約一時間。クリシエ村はそこからさらにタクシーで二十分ほどの距離だった。

目指す料理店は、かつてHôtel de Ville（オテル・ド・ビル）だった建物をそのまま使っていた。この言葉は訳すのが難しい。直訳するなら村役場だが、日本語の村役場という言葉から建物を想像したら大間違いだ。フランス語では市役所も町役場も村役場もこの言葉で呼ぶ。有名なパリ市庁舎はHôtel de Ville de Paris。大宮殿と呼んでもおかしくない壮大な歴史的建造物だ。クリシエ村の『Hôtel de Ville』も石造りの立派な建造物で、そこが食通の話題を独占するフレディ・ジラルデの店だった。

正面の重厚なドアを開け、ムッシュ・ジラルデに会いたいと告げると、銀髪で背が高く、目つきの鋭い料理人が現れた。名乗る前から、その人がフレディ・ジラルデだとわかった。ムッシュ・ジラルデは機嫌が悪そうだった。プライベートなので通訳はいない。丸暗記したフランス語で「ぼくは日本の大使公邸の料理人で……」「ここで働かせてもらいたい」とか、いろいろ言ってはみたものの、相手にされなかった。「シッ、シッ」という感じで表に追い出されたが、ぼくは店の玄関前の歩道で踏みとどまった。

ゴミを掃き出すみたいに追い出されても、腹は立たなかった。目つきも態度も、なんだかすごい人だった。どことなくミック・ジャガーに似ている。なにしろ人としての存在感が強烈にあった。このまま帰ったら後悔すると思った。

日が傾いて、晩餐の時間帯になるまで、ぼくはそこでうろうろしていた。着飾った客たちが、ぼくの前を通っていく。

玄関が内側から大きく開き、メートル・ドテル（サービス責任者）が迎え入れる。

“Bonsoir, Monsieur, Madame”

客と陽気に挨拶をかわしながら、ちらりとぼくを見る。あいつまだいるのか。ぼくは知らん顔で、空を見るふりをする。

そんなことを何回も繰り返していたら、玄関が荒々しく開いて、ムッシュ・ジラルデが飛び出してきた。ぼくは胸ぐらをつかまれ、そのまま店の奥の厨房に引っぱりこまれ、突き飛ばすようにその場に放り出された。ムッシュ・ジラルデは早口のフランス語でなにか言って、そのまま奥へ行ってしまった。

すごく怒っていた。フランス語はさっぱりなはずなのに、あんなところに立ってたら客の邪魔になるだろう、と言っているらしいことだけはわかった。

厨房では料理人たちが忙しそうに働いている。ムッシュ・ジラルデも、もうぼくの方は見ようともせず奥の方で仕事に集中していた。なにもせずに突っ立っているのはぼくだけだ。きまりが悪いので周りを見回したら、洗い場に汚れた鍋が重なっていた。

これだと思った。

迷わず洗い始めた。

周りの料理人は一瞬ぼくを見たが、なにも言わなかった。洗い場の仕事は東南アジアからの出稼ぎの人たちがすることが多い。新入りと思われたのかもしれない。そのままそこで洗い物をしていると、営業時間が終わり、ジラルデが近づいてきた。

もう怒ってはいなかった。片付いた洗い場にちらりと目をやると、こう言った。

「それで？　お前はなにがしたいんだ」

「ムッシュ・ジラルデ、夏の間働かせてください。なんでもやります」

ジラルデは肩をすくめた。

「コム・テュ・ヴ」

お前の好きにしろ。

断ってもどうせまた来るんだろう、と言ってるようにも聞こえた。


鍋はぼくの幸運の女神だ。

おしかける、洗い物をする、休日も働く。

子どもの頃から、同じようなことを繰り返している。

行動がワンパターンだ。

当時は、そんなこと思いもしない。夢中でやっただけだ。

何十年も経って、高い山の上から見下ろすように、自分の人生を俯瞰しているから目に入る。曲がりくねった道の、曲がり方がいつも同じだ。

無意識に同じことをしていた。

人間は過去の成功を繰り返そうとする。

ほんとはそれはいけないことらしい。

柳の下にドジョウはいないという。川岸の柳の木の下でドジョウをつかまえたからといって、次もそこにドジョウがいるとは限らない。

自分の過去の成功を真似するとたいがい失敗する。

昔の諺には反するが、ぼくの場合はそれがうまくいった。

ラクしようと思ったわけじゃないから。

ぼくはドジョウを探さなかった。ぼくが探したのは、いうなれば川のゴミ屑だ。

おしかけたり、鍋洗ったり、休みに働いたのは、好きでやったわけじゃない。

自分にやれることが他になかったから。厨房に放り出されたとき、包丁をつかんで鶏を捌いていたら、たぶん放り出された。どんなに手際良く鶏を解体しても。

鍋洗いが許されたのは、誰もやりたがらない仕事だからだ。

苦労する覚悟さえあれば、どこかに居場所は見つかる。見つけた場所で、一所懸命にやれば道は開ける。ほんとに開けるとは限らないけど。自分にそれしかやれることがないなら、楽観的にやり続けるしかないと思っている。

みんながやりたくないことを、機嫌良くやることだ。苦しそうにやっていたら、周りだっていい気持ちはしない。人は人の苦労をそれほど評価しない。

だけど誰もがやりたがらない仕事を楽しげにやってる人間がいたら、「なんだ、おかしなやつだ」って言う人もいるだろうけど、少なくとも嫌われはしない。誰もがやりたくない仕事をやってくれるわけだから。そのうち顔見知りになって、挨拶くらいかわすようになり、やがて軽口を言い合う仲になる。そこから始めればいい。

もしもなにかやりたいことがあって、どうしてもそれができなかったら、その世界の鍋を探してみることだ。なんの保証もできないけど、もしかしたらなにかのとっかかりは摑めるかもしれない。

なんて人生訓は、ぼくの柄じゃないか。先へ進もう。

大使夫妻がニューヨークに旅立つと、ぼくはクリシエ村に向かった。

ぼくは一ヶ月間丸々働きたかったが、ジラルデに「とりあえず一週間だけにしてくれ」と言われていた。試用期間ということだろう。

その一週間、皿洗いと鍋磨きをした。

一週間が終わり「これからも来ていいか」とたずねると、また肩をすくめた。

「コム・テュ・ヴ」

厨房に出入りを許されたとはいえ、休暇が終われば日曜日しか行けない。戦力外みたいなものだから、たいした仕事はなかなかやらせてもらえなかった。誰かがほうれん草の泥を落としていたら、隣に立って一緒に洗うとか、例によって玉ねぎの皮剝きだの何だのを手伝うとか。下働きの仕事はどこも変わりがなかった。

週に一度の休日に朝五時起きしてローザンヌまで汽車に揺られ、一日働いて夜遅く公邸に戻る。翌朝からはまた公邸の料理人として、夫妻の食事を作り、晩餐会の準備をする。毎週それが続くわけだ。さすがのぼくもへとへとだったが、それでも週末になると突き動かされるようにクリシエ村に通った。

ジラルデの厨房には、いつもただならぬ緊張感が張り詰めていた。

料理に対する集中力がとにかく普通じゃなかった。厨房でまず感じたのは、この人たちには迷いがないということだった。日本の料理人には、どこか半信半疑なところがあった。フランス料理の正解がひとつあって、その正解を探しながら料理を作っているという感じがどうしてもぬぐえなかった。彼らにはその迷いがなかった。

彼らには自分が作っているのがフランス料理かどうかなんて考える必要がない。あたりまえのことなんだけど、その違いは大きかった。彼らは料理そのものと向き合っていた。モザー、フレディ・ジラルデの料理と。

あの時代のジラルデは、毎日厨房で新しい料理を生み出していた。

彼の作る料理には名前がなかった。その日初めて作るからだ。

普通の料理人は、料理の試作をする。新しい料理を試作して、味見して、気に入って初めてメニューに載せる。気に入らなければ、何度でも試作する。新しい料理は普通そうして生まれる。もちろん試作品が客のテーブルに乗ることはない。理由は説明するまでもない。

ジラルデは、その試作を一度もしない。

スポンタネ、と彼はよく言っていた。「即興」という意味だ。

客の注文を受けてから、即興で料理を作り始めるのだ。グランドメニューもあるにはあったが、そこから注文する客は少ない。ほとんどの客は、彼の即興料理を楽しみにクリシエ村まで足を運んでいた。

ジラルデの創造力の源は、その朝届いたばかりの新鮮な食材だ。

どんな料理になるかは、彼自身にもわからない。過去に作った料理を作るわけではないから。モーツァルトがピアノを弾きながら新しい曲を作ったように、彼は厨房で料理を作りながら新しい料理を次々に生み出していった。ひとつの食材が彼の魂を刺激して、誰も想像すらしなかった食材との組み合わせが生まれる。

キャベツで巻いたラングスティーヌ（手長エビ）、フリットしたグルヌイユ（蛙）と白トリュフ、うさぎのレバーとポワロー（ネギ）、オマールとそら豆、キジと黒カブ……。

複雑な料理ではない。彼はいくつもの食材を一つの皿に乗せることを嫌った。少ない音符で世にも美しい曲を作ったモーツァルトのように、食材をシンプルに組み合わせて驚くべき料理を創造していった。

それが毎日、いや一皿ごとにそうなのだ。ジラルデが一皿の料理を完成させるということは、世界に新しい料理が一つ生まれるということだった。

軽快で透き通っていて、どの料理にも胸を打たれるような新鮮な驚きがあった。彼がモザーと呼ばれる最大の理由は、その美しい即興の料理にあった。

音と音を重ねて和音にするように、ジラルデは素材の中にある繊細な匂いや味を自由奔放に組み合わせ、人が人生で一度も味わったことのないような、うっとりとするようなハーモニーを皿の上に作り出す。モーツァルトの音楽を聴くように、客はジラルデが食材で奏でる音楽を聴きに来ていた。

けれどぼくが惹かれたのは、なによりもジラルデの料理と対峙する姿勢だった。

結論を言えば、ぼくの野心は実現しなかった

小木曽大使との二年の契約期間が終わる頃、大使から相談をもちかけられた。契約を延長して、もうしばらく公邸の料理人を続けられないかと言われた。小木曽大使は二年で日本に帰るはずだったのだが、海洋法の国際会議が始まるので任期が延びたのだ。君のような料理人はいないと、小木曽大使は言った。私は鼻が高い、とも。

ヨーロッパ各国の大使や外交官の間で、ジュネーブの大使公邸は料理が美味しいと評判になっているというのだ。星つきのレストランにも負けないという評判を確かめるために、ジュネーブに出張する用事を作った大使もいたらしい。

クリシエ村に通うようになって、ぼくは完全にジラルデにかぶれた。公邸の厨房が見違えるくらい綺麗になったと、奥様に褒められた。そんなに散らかしていたのかと反省したが、料理人としての真摯さが鍛えられたのは間違いない。ジラルデの料理に向き合う姿を見ていたら、厨房にシミひとつもつけられないという気になった。

そのピカピカの公邸の厨房で、ジラルデの厨房仕込みの料理を作った。彼の即興はとても

真似できなかったけれど、毎週目の前で見て憶えた彼の数々の名作を再現することはできる。晩餐会のテーブルにぼくが乗せたのは、つまりクリシエ村の「ジラルデ」の料理だった。実はもうひとつ種があった。公邸の料理人には街の料理人に比べて圧倒的に有利なことがあった。売り物を作っているわけじゃないから、原価率を気にする必要がないのだ。予算が一万円なら、一万円すべて食材にかけられる。だから街のレストランよりも遥かに良質な食材を使えた。評判になったのは当然だ。

二十代前半の二年間の選択は、人生の大きな岐路になりかねない。そのことも考えてくれたのだろう、大使は延長を承諾してくれるならどんな条件をつけてもいいとまで言ってくださった。ぼくは大使にひとつだけ願い事をした。

最終的には三年と九ヶ月、大使がジュネーブでの任期を終えるまでぼくは料理人を務めた。そして大使と一緒に日本に帰国した。

ホテルオークラの小野正吉《おのまさきち》総料理長に、料理人として推薦してもらう。それが小木曽大使への願い事だった。

小野さんは、帝国ホテルの村上総料理長と双璧をなす、日本のフランス料理の父と呼ばれた人だ。帝国の村上シェフと、オークラの小野シェフ。日本フランス料理界の両巨頭に師事した料理人はいない。帝国ホテルとホテルオークラの両方の厨房で働いた料理人も、たぶんいない。

その最初の一人になってやろうと思ったのだ。

結論を言えば、ぼくの野心は実現しなかった。

小野総料理長はすぐに会ってくれた。ホテルオークラの厨房で働きたいというぼくの話も聞いてくれたのだが、後の返事が来なかった。採用でも不採用でもなく、ただ連絡が来なかった。

日本に帰国したことは、誰にも言っていなかった。少なくとも村上シェフには帰国の挨拶をしなきゃいけないが、それはホテルオークラとの話が決まってから報告を兼ねてしようと思っていた。

帝国ホテルからスイスに送り出され、帰国してホテルオークラで働く。話としては、ちょっと微妙だ。

帝国ホテルではパートタイムの従業員で、スイスに行ったあとの保証はなにもない片道切符だった。帝国ホテルに入社したいのは山々だけれど、それは前の経緯があったから難しい気がした。村上さんに相談して、負担になりたくなかった。

ホテルオークラに行くと報告したら、村上さんはなんと言っただろう。甘えかもしれないけれど、村上さんならわかってくださると思った。

村上さんに「十年は向こうで勉強しなさい」と言われたことはいつも頭の隅にあったけど、大使との契約が終わったら就職先を探さなきゃいけない。

最終的な就職先として、あの頃のぼくの頭にはホテルしかなかった。ホテル育ちということもある。十代の後半は、ずっとホテルの厨房で働いた。札幌グランドホテルと帝国ホテルは、いうなればぼくの青春だった。

それに、あの時代の日本のフランス料理といえばやはりホテルだった。村上さんにしても小野さんにしてもホテルの料理長で、しかも二人とも重役だった。一流のフランス料理店は一流のホテルの条件だった。最高の料理人を目指すなら、一流ホテルに就職するしかないと思い込んでいた。

だから小木曽大使にどこでも推薦しようと言われたとき、願ってもないチャンスに飛びついた。こんなチャンスにはもう二度と巡り会えないかもしれない。ジラルデの厨房には山ほど未練があったけれど、ここは帰国するしかないと思った。

ところが東京の友人のアパートに転がり込んで、ホテルオークラからの連絡を待ったが、二ヶ月過ぎ三ヶ月が過ぎても返事は来ない。

楽観的なぼくも、さすがにこれは駄目だと思った。

外務省からの紹介だったので、ホテルオークラ側ははっきりと断るのを避けていたのだろうか。いつまで待っても、返事はおそらく来ない。

こちらからお願いしたのだから、筋だけは通さなきゃいけない。ホテルオークラに連絡して、「ヨーロッパに帰ってもう少し勉強することにしました。こちらからお願いしたのに申し訳ありません」と断りを入れた。

結局、その友人以外には誰にも帰国したことを言わないまま、ぼくはヨーロッパに戻った。ジラルデの厨房で、今度はフルタイムで働くつもりだった。

地獄の厨房で、ぼくの料理人としての能力が引きずり出されていった

舞い戻ったぼくを、ジラルデは歓迎してくれた。

すぐにでも働いてくれという。

嬉しかったが、問題があった。

それまでは公邸料理人の収入があったから、お金は別にいらなかった。これからは違う。給料を払ってもらわなければ、ぼくはここで暮らせない。

ジラルデがぼくと正式な雇用関係を結んでくれることになった。ところが、労働許可が下

りなかった。外国人が働くには厳しい条件がある。役所の説明では、ぼくのケースはそれを満たしていないというのだ。それが法律だと。

法律を盾に取られたらどうしようもない。ぼくは諦めかけたのだが、ジラルデは引き下がらなかった。

「九十九パーセント不可能でも、一パーセントの可能性があるなら諦めちゃ駄目だ」

そう言って、政府機関のスイス料理人協会に電話をかけた。

「私は君たちに頼まれて、ずいぶん協力してきた」

スイスは若者の職業訓練に力を入れている。ジラルデの店は人気だから、職業訓練生を何人も受け入れていた。ジラルデが協力したというのはその話だ。料理人協会は職業訓練生の仲介をしていた。

「それが、今になって、私のたった一つの頼みを聞けないと言う。日本人が一人ここで働くってだけのことなんだ。それが駄目だっていうなら、私は今後一切お前たちには協力しない！」

ジラルデは叩きつけるように電話を切った。この話は終わったと思った。ぼくのために怒ってくれたのは嬉しかったけれど、これで最後の一パーセントの可能性も消えた。もうここでは働けないだろう。ところがジラルデは今まであんなに怒っていたのに、けろりとした顔で「まあ様子を見よう」と言う。一週間後に労働許可を出すという知らせが入ったときも、それがあたりまえだという顔をしていた。

ジラルデは四十歳になったばかりで、気力も体力も充実して、料理人としての自信に満ち溢れていた。この人には不可能なことなんてないんだと思った。

スイスの一地方の料理人だったジラルデが、世界的な料理人として認められるようになっていく過程を、ぼくはこの目で見た。

その頃のスイスにはまだミシュランガイドがなかった。だから星はひとつもついてなかったけれど、噂が噂を呼んで、客が世界中からジラルデの料理を食べるためにクリシエ村までやって来るようになっていた。

予約が何ヶ月も先まで埋まるようになった。ジラルデの店の席を取るのはスイスの銀行を破るより難しい、なんてジョークまで生まれた。ある時期から、客席で世界的なＶＩＰを見かけるのも珍しくなくなった。ニクソン大統領がシークレットサービスを引き連れて厨房に現れたときには、さすがに驚いたけど。

ジラルデ本人はアメリカ大統領より、王と呼ばれたサッカー選手、あのミシェル・プラティニが客席に座ったときの方が感無量だったに違いない。

若き日のジラルデは、アマチュアのサッカークラブに所属する将来を嘱望された選手だった。スイス代表を狙えるほどの選手だったらしい。ビストロを経営していた彼の父親が若くして亡くなって、急遽後を継ぐことになった。だからアプランティの経験がほとんどない。誰にも料理を習わずに、リヨンの「ポール・ボキューズ」とロアンヌの「トロワグロ」でそれぞれ一回だけ料理を食べて、なにか閃《ひらめ》いて自分の料理を作り始めた、という伝説があるくらいだ。

後にミシュランガイドがスイスで発行されたとき、ジラルデは当然のごとく三つ星を獲得した。ミシュランと双璧をなす美食のガイドブック『ゴ・エ・ミヨ』は彼の店に当時の最高点をつけ、ポール・ボキューズ、ジョエル・ロブション、フレディ・ジラルデの三人を今世紀最高のシェフと讃えた。

その評価に異論を唱える料理人はいない。けれど誰が天才かという話になれば、ボキューズもロブションも、ジラルデを指差したに違いない。

ボキューズにはフェルナン・ポワン、ロブションにはジャン・ドラベーヌという師匠がいた。彼らはフランス料理の伝統の中で下積みから始めて、先人たちの料理を土台にして、それぞれの新しい料理を構築した。

ジラルデはそういう流れの中にいたわけではない。スイスの山奥に突然現れて、フランス料理界の頂点にいる人たちをも唸らせるような、感動的な料理を次々に生み出していった。彼の料理を真似ることはできても、彼のように作ることは誰もできなかった。文字通りの天才だった。


ジラルデは確かに天才で、店は天国だったかもしれない。

そのかわり、厨房は地獄だった。

彼にはモザーの他にもうひとつ、異名があった。

悪魔だ。

ジラルデの才能は、食通の世界では早くから知られていた。

ぼくが厨房に通い始めた時期、開業してまだ四、五年目というほんとの初期に、早くも辻《つじ》静雄《しずお》さんが来店した。辻調理師専門学校の創設者であり、ヨーロッパ中の一流レストランを巡り、日本人にフランス料理の素晴らしさを教えた最大の功労者だ。ジラルデの店を辻さんに教えたのはポール・ボキューズだった。フランス料理の最高峰、ボキューズさんもこの時期からジラルデに注目していた。

ロアンヌの名店「トロワグロ」は、将来三代目となる若者をジラルデの厨房に送り込んでいた。銀座の「マキシム・ド・パリ」が開業したとき、フランスから招聘《しょうへい》されて初代料理長に就任したピエール・トロワグロの息子、ミシェルだ。

　ぼくがまだジュネーブから電車で通っていた頃、ローザンヌの駅前までバイクでよく迎えに来てくれたのがミシェルだった。ぼくは二十歳、彼は十八歳。歳も近く、二人とも下働きのアプランティだったから、すぐに仲良くなった。いろんなことを話した。よく憶えているのは将来の話だ。

「一流の料理人になる人間は二通りしかない」

　彼はそう言った。欧米人の好きな笑い話の前置きだ。

「僕のようなやつか、ミクニのようなやつだ」

　お世辞でも嬉しいから黙って聞いていると、ニヤリと笑って後を続ける。

「僕は生まれたときから厨房にいる。生まれたときから三つ星のソースをなめて、三つ星の匂いをかいで育った。だから三つ星シェフになれる。ミクニはその反対。昔の王様に仕えた料理人みたいなもんだ。認められなきゃ終わり。王様が料理を気に入らなかったら、首を切られる。必死だから、三つ星シェフになれる」

　クソッと思ったが、確かにその通りだ。ぼくは貧乏な漁師の息子で、なんの後ろ盾もない。だから皿洗いでも鍋磨きでも、死ぬ気でやってきた。ミシェルは金持ちのぼんぼんで、三つ星の店で、三つ星の父や伯父の仕事を見ながら育ち……。料理人としてこれ以上は考えられない、恵まれた人生を送ってきた。

その料理界のサラブレッドも、悪魔の前ではかたなしだった。

ジラルデはミシェルを「ゼロ」と呼んだ。数字の0。お前は何者でもない。ただのゼロ。無だ。お前の家は三つ星で、伯父や父親はすごい料理人かもしれない。だけどお前はなんでもない。ただのゼロ。「ゼロ、ゼロ」。なにをやろうが「ゼロ」だった。心を病むんじゃないかと心配になるくらい、徹底的に叩きのめされていた。

もっとも誰もが同じような目に遭っていた。

ぼくは「ジョンヌ」だった。意味は黄色。理由は書くまでもない。時代が違うとはいっても、あまりにひどい。ひどいんだけど、そんなことを気にしている余裕がないくらい、厨房の仕事が大変だった。

ブルターニュ産のオマール海老に仔羊、ブレス産の若鶏に鳩、ペリゴール産のフォアグラなどなど……。フランス料理に欠かせない食材はパリ郊外のランジス市場から空輸していた。空港まで取りに行かなきゃいけないから、近くの農園で朝収穫した新鮮な野菜類も含めて、すべての食材が集まるのが毎朝十一時ぐらいだった。

その日の食材が揃ったところから、ジラルデの仕事が始まる。

料理の作り置きはしない。厨房に用意してあるのは各種のブイヨンくらい。ほとんどゼロからの料理作りだ。

八十席が連日満員で、ランチのスタートまで一時間。野菜の下処理、魚をおろしたり、貝の殻を外したり、鳥を捌いたり、肉を切ったり、やることが山のようにあるから、絶対に間に合うわけがないといつも思うのだが、それがどういうわけかいつも間に合うのだ。そのかわり厨房は戦争状態で、ジラルデはいつも怒っていた。

何回も言うけど、彼はルセット（レシピ）のある料理を作るわけじゃない。まだこの世に存在していない料理を、その日の食材の匂いや味、色や形を確かめながら、一皿一皿創造していくのだ。

ジラルデがさっとメニューを書く。メニューといっても、たとえばオマールとしか書いてない。ぼくはポワソン、魚料理を任されていたから、今朝届いたオマール海老の中からいくつか見繕って持っていく。オマールもいろいろあるから、ジラルデが使いそうなものを見当つけなきゃいけない。

その時点では、ジラルデ自身もどんな料理になるかわかっていない。こっちに答えがわかるわけがないんだけど、それまでの経験と直感で「これどうですか」と提案するわけだ。気に入れば黙って受け取るし、気に入らなければ罵られる。

ジラルデはそのオマールからまたなにかを思いつき、「あれを持って来い」とか「これをブイヨンで茹でろ」とか指示を出す。その茹で加減にしても細かく説明されるわけじゃないから、自分で判断して茹でて持っていく。そこでまたジラルデに気に入られなければ、鍋ごとひっくり返されたりするわけだ。

ジラルデもぼくらもどんな料理になるかわかっていないのに、それを一緒に手探りで探しながら料理ができていく。

そんなことでいい料理ができるのかと思うかもしれないが、ずっと一緒にやっていると、手探りでやっているはずなのに歯車が不思議なくらい嚙み合って、ジラルデの要求に応えられるようになっていく。そして気がつけば魔法のように、ジラルデの目の前に美しい料理が完成しているのだ。

その間中、ジラルデは怒ってる。

「こんなもの使えるか！」

「なんでいつも俺のほしいものがないんだ！」

「早くしろのろま、もっと早くだ、早く、早く！」

ジラルデは誰よりも自分に怒っていた。顔を真っ赤にしてわめき、攻撃し、怒鳴りつけ、歯嚙みしたり、うんうん唸りながら、苦しんで、苦しみ抜きながら、料理を完成させる。料理というより苦行だ。

こっちはその怒りを全身で浴びながら、朝から地獄の中で全力疾走しているようなものだから、夕方になる頃には疲れ果てているのだけれど、それと反比例するようにジラルデの感情は和らいでいく。

ジラルデは仕事の合間にホールに出るのが好きだった。「人生でいちばん感激した」とか「あなたは天才だ」とか、お客さんに絶賛されるわけだ。それは全然お世辞ではなくて、「フランス中回ったけどこんな美味しい料理を食べたことがない」といろんな人が言うのをぼくは何度も聞いている。

厨房に戻るたびにジラルデの機嫌は良くなって、一日の営業が終わる頃には上機嫌そのもの。チーズを山のように持ち出してきて「これを食べろ」とか、さっきまでの悪魔がまるで嘘のようにぼくらを労《ねぎら》ってくれるのだ。

翌朝にはまた不機嫌に戻っているのは言うまでもない。

そしてまた地獄の一日が始まる。

戦場のような厨房で、ジラルデという天才の料理に対する執念が、ぼくの能力をぐいぐいと引きずり出すのを、まるで他人事のように面白がっていた。昨日はできなかったことが、今日はできるようになっている。ジラルデの無茶苦茶な要求に、苦もなく対応している自分をある日発見する。そういうことを何度も経験した。自分が料理人として成長するのを毎日感じた。

才能が開花するとはどういうことかを、ぼくはジラルデの厨房で知った。

こうやってヨーロッパでは天才が生まれていくのだと思った。

Avec amour et
gratitude
4

ジラルデ（中央）、彼の片腕のシェフと。ジラルデが作る料理には名前がなく、すべて「スポンタネ（即興）」だった。

第五章　セ・パ・ラフィネ

いたずらを仕掛けたトロワグロ兄弟が、ぼくを見てお腹をかかえて笑っていた

スイスの労働ビザの期限は一年半だった。ビザの期限が来たとき、延長を選択せずフランスに出国した。ぼくは二十六歳になっていた。大使の料理人だった時期を含めて、五年と少しジラルデの下で働いたことになる。

五年前は本物のフランス料理を知らなかった。今の自分は誰よりも仕事ができる自信があった。ジラルデの厨房でつけた自信だ。

修業はもう終わりだ。

これからは一人の料理人として、料理の腕で世間を渡る。そう決めていた。

料理の勉強はこれからも生涯続くだろう。学びに終わりはない。ジラルデのような天才の境地に至るまで、どれだけの歳月がかかるかわからない。けれどとにかくプロとして仕事をしない限り、永遠に辿り着けないことは確かだ。

ミシュランが三つ星をつけたレストランで、自分の力がどれだけ通用するか。

道場破りの武者修行みたいな気持ちで、国境を越えフランスに入った。

最初にぼくが働いた三つ星レストランは、ロアンヌの「トロワグロ」だ。六〇年代に三つ星を獲得してから、すでに二十年近くその三つ星を維持していた。

シェフはトロワグロ兄弟。兄のジャン・トロワグロと弟のピエール・トロワグロの二人体制だった。ちなみに弟のピエールは、ぼくのジラルデ時代の戦友ミシェルの父親だ。前にも書いたけど、「マキシム・ド・パリ」が東京銀座に世界初の支店を開業したとき、初代シェフとして送り込んだのがこのピエールだった。

三つ星のレストランの厨房で働くのは難しい。フランスで料理人を志す若者なら誰だって、ミシュランが星をつけたレストランで修業したい。まして三つ星ともなれば志願者はたくさんいる。雇ってもらえる確率は、超一流大学の合格率より低いかもしれない。けれど、ぼくにはミシェルという強力なコネがあった。

トロワグロ兄弟は五十代。ぼくは息子の世代だが、最初からデシャップを任された。各部門から上がって来る料理を皿に盛りつける仕事だ。ぼくが盛りつけた皿がそのまま客のテーブルに運ばれる。一瞬たりとも気が抜けない。「トロワグロ」はいわゆるグランメゾンで、席数は百近くあった。料理は次々に上がって来るから、その繊細な作業を猛スピードでやらなきゃいけない。

ぼくは手先が器用だし、ジラルデに鍛えられているから仕事も早い。そこを見込まれてデシャップを任されたのだと思うが、ある日、盛りつけながらおかしなことに気づいた。急に仕事が増え始めたのだ。

いつもより手を速くして、盛りつけの速度を上げても、仕事が減らない。次から次へと、料理が上がって来る。どうしてこんなに忙しくなったのかと顔を上げると、デシャップの担当が一人減っている。三人で盛りつけをやっていたのが、二人になっていた。トイレにでも行ったのか。それなら仕方がない。もっと手を速く動かして、盛りつけのスピードを上げる。デシャップの仕事が滞ると、全体の仕事の進行に影響を与えるし、客を長く待たせることになる。そうならないように必死で手を動かすのだが、盛りつけても盛りつけても、仕事量が減らないどころか、さらに忙しさが増していく。気がつけば、もう一人のデシャップ担当も姿を消して、盛りつけをしているのはぼく一人になっていた。いくらなんでもおかしいと思って見回すと、厨房の向こう側でトロワグロ兄弟がぼくの方を見ながら、お腹をかかえて笑っていた。

ぼくの仕事があまりに早いので、どこまで早くできるか賭けをしたと言う。兄弟が他の二人にデシャップ台を離れるように密かに命じたのだった。

「ミクニなら、一人で三人分の仕事ができるじゃないか」

そう言いながら、まだ笑っていた。冗談じゃない。ぼくが大慌てで仕事をしているのを見物して、二人で笑っていたのだ。……とはいえ、それがトロワグロ兄弟の良さでもあった。兄のジャンはソースの神様だ。ソース作りにおいて、ジャンを超える料理人はいないとまで言われた。進取《しんしゅ》の精神に富む弟のピエールとともに、二人はフランス料理の新しい波、ヌーベル・キュイジーヌの旗手として時代を作り、フランス中の料理人から尊敬されていた。けれどその厨房は、冗談を言い合って笑えるくらい和やかなのだ。ジラルデの悪魔の厨房も過ぎてしまえば懐かしかったが、トロワグロの家庭的な厨房も負けないくらい魅力的だった。

「もういっぺん言ってみろ、俺は腹を切るぞ」

ぼくは渡り鳥のように、フランス諸地方の厨房を巡った。
ポール・エーベルランの「オーベルジュ・ドゥ・リル」、ルイ・ウーティエの「ロアジス」、ロジェ・ヴェルジェの「ル・ムーラン・ド・ムージャン」、ジャン・ドラベーヌの「カメリア」……。

料理人同士が出会うと「お前はどこで働いた?」という話題になる。ひとつの店で生涯働く料理人も少なくはないが、独立を目指すような野心的な料理人は、いくつもの店を渡り歩くことが多い。誰の厨房で働いたかは、いうなれば料理人の履歴書だ。

そういう話題になったとき、たとえば「トロワグロ」という名前を出すと相手の顔つきが変わる。三つ星の店で働くというのは、フランスの料理人にとって特別なことなのだ。さらに続けて、ぼくが働いた店の名前をあげていくと、相手は黙り込んでしまう。一軒の三つ星レストランで働くだけでも大変なことなのに、ぼくが働いたのはフランス中に名の知れ渡った名店ばかりだからだ。

せっかちなぼくは、できるだけ短い期間でフランス料理の本質を掴みたかった。フランスでは一流の店ほど個性的だ。料理はもちろんだが、シェフは輪をかけて個性が強い。ジラルデのように激しい人もいれば、「オーベルジュ・ドゥ・リル」のエーベルランのように呆れるほど優しいシェフもいた。生意気な若い料理人に意見されてもうんうんと頷きながら聞いているような人だった。店へと続くなんの変哲もない田舎道を歩きながら、ムッシュ・エーベルランが「こういう平凡な景色の中にすごいものが隠れているんだ」と言っていたのをよく憶えている。ありきたりな食材などというものはない。そう言われたのだと思った。平凡な食材の中に非凡さを見出すのが料理人の仕事なのだ、と。それは彼の料理に通じる哲学だった。それぞれがそれぞれの流儀で、その店の料理を食べるためだけに旅する価値のあるレストランを作り上げていた。美味しいだけの店なら他にもあるが、豊穣な個性というフランス料理の本質に触れるには、やはり超一流の店で働くのがいちばんだった。

だから必ずしも働き先を三つ星の店だけに限ったわけではない。パリ郊外の「カメリア」は二つ星だった。けれどシェフのジャン・ドラベーヌは、ジョエル・ロブションに大きな影響を与えた料理人で、しかもフランスの国家最優秀職人章を受章した人だ。日本でいえば人間国宝というところだろうか。

ミシュランが「カメリア」に二つ星しかつけなかったのは、彼がエスコフィエ以来の伝統的フランス料理のスタイルを堅持していたからだ。ヌーベル・キュイジーヌという当時の流行に彼は乗らなかった。料理が古いというわけだ。

その事実はドラベーヌの店の価値を少しも傷つけない。「カメリア」は料理においてもサービスにおいても、輝くばかりの超一流の店だった。ぼくはソーシエを任された。正統派のフランス料理で最も重要とされてきたソース作りだ。近頃はソースをほとんど使わないフランス料理も多いけれど、先人たちが何世代にもわたって工夫を重ねてきたフランス料理の正統派のソースを人間国宝ドラベーヌの厨房で毎日作り続けた経験は、何ものにも替えられないぼくの財産になった。


店を辞めるとき、シェフはサティフィカを書いてくれる。サティフィカの意味は証明書。

雇用主による人物証明、あるいは推薦状のようなものだ。

たとえばこんな内容だ。

「何年何月から何年何月まで私の厨房で働いたことを証明します。彼は当方の料理法をたくさん学びました。私は彼の熱心な仕事ぶりを高く評価します。私は彼を同業者たちに推薦し、彼が将来立派なキャリアを築き上げていくことを祈っています」

重要なのは、その後に続くシェフのサインだ。誰の厨房で働いたのかがそれでわかる。三つ星がつくようなレストランの厨房で働くには、当然のことながら高い技術力を要求される。サティフィカはその証明書でもある。さらに言えば、彼らはフランス中に名を知られた料理人だから、お互いをよく知っているし、友人同士であることも珍しくはない。あのシェフが保証するなら間違いないと信用される。ぼくはそういう切り札みたいな三つ星のサティフィカを最終的に五通持っていた。

三つ星の厨房に入るのは難しいけれど、最初のジラルデの店を別にすれば、ある日突然訪ねても門前払いされることはなかった。シェフはぼくが渡した何通ものサティフィカに目を丸くして、「あの店でも働いたのか。やっぱり厳しいのか？」なんて世間話をしながら、「よしわかった。じゃあこの魚をおろしてみてくれ」とか「鶏を捌いてみて」とか、その場で採用試験が始まる。

そうなればこっちのものだから、採用はすぐに決まって、翌日には厨房に立っているなんてこともあった。武道家は一度手合わせすれば相手の実力がわかるというけれど、料理人も包丁を握らせれば実力は一瞬でわかるのだ。

余談だが、フランスの厨房で気づいたことがある。なにもかもフランスの料理人の方が上というわけではないのだ。これはあくまでも一般論で、もちろん例外はあるけれど、包丁のあつかいにかけては、日本の料理人の方が遥かに優れている。まず彼らはめったに包丁を砥がない。日本の料理人なら和食洋食を問わずあり得ないことだ。肉類はまた話が違うけど、魚を捌かせるとその差は如実に現れる。身が多少崩れようが、骨に身がたっぷり残っていようが、彼らはあまり頓着しない。それで十分彼らの魚料理には間に合うから、我々のように切った魚の身の美しさにまでこだわらないのだろう。それでもぼくが魚を捌くと驚く。切り身の断面は滑らかで光っているし、なにしろ仕事が早いから一瞬でおろしたように見えるのかもしれない。

日本の料理人ならそれが普通で、別に威張ることではない。彼らにしても、そこまで綺麗に仕上げる必要はないから、身のほとんどついてない骨をつついて、「これじゃいいフュメ（出汁）が取れない」、なんてぶつぶつ言ったりもする。だけどそこはやっぱり職人だから、心の底では舌を巻いているらしい。シェフが新入りのぼくをいきなり重要なポジションにつけても、誰からも文句は出ない。

ただし、このときもうひとつ重要なことがある。自分の働きに見合うだけの、正当なギャランティを要求しなきゃいけない。あの時代、フランス人の一人前の料理人なら一ヶ月に五千フラン前後の報酬を得ていた。ぼくは最低でもそれ以上のギャラを要求した。それで不採用になったことはない。実力主義だから、仕事に見合った報酬をきちんと払ってくれる。

ぼくの場合は五千フランくらいから始まって、最高で八千フランくらいまで貰っていた。雇われの料理人としては、けっこうな高給取りだ。高い報酬は自分の仕事が認められているということだから嬉しかったが、それ以上に重要なことがあった。彼らは安い給料で働く人間には、重要な仕事を任せないのだ。

フランスの厨房で働く日本人は、たぶん読者が想像するよりも多い。ぼくは日本人同士で固まるのが好きじゃないので、なるべく日本人が働いていない厨房を探したくらいだ。それでも一人か二人はいるわけだ。その多くが研修生という名目で、まともな報酬を貰っていなかった。真面目で仕事熱心だから重宝はされるのだが、重要なポジションは任せてもらえない。彼らは厨房の片隅で、黙々と働いていた。日本人は遠慮が美徳の民族だから、そうなるのかもしれない。

だけど彼らの感覚からすれば、自己主張しないのは自分に自信がないと言っているのと同じだ。いつまで経っても、彼らと対等に仕事ができるようにはならないし、本当の意味で信頼されることもない。便利に使われるだけで、なにもいいことはない。

フランス人は別に天使ってわけじゃないのだ。そして厨房ではチームワークも大切だけど、同時に激しい競争の場でもあることを忘れちゃいけない。自分の居場所を守るには自己主張しなきゃいけないし、喧嘩だって時と場合によっては必要だ。ひどいことを言われることもあるわけだ。ジラルデなら我慢もするけど、お前なんかに言われる筋合いはない。

「もういっぺん言ってみろ、俺は腹を切るぞ」

品がないけど、それがぼくの殺し文句だった。

相手は嫌な顔をしてもう二度と言わなくなる。冗談とわかっていても、日本人だからもしかしたら……と考えるのだろう。差別的なことを言うような人間はどこにでもいる。悪いことに決まっているけど、正論を言ってもはじまらない。相手の痛いところを突いて優位に立つのが目的だから、肌の色だろうが背の高さだろうが、やつらはなんだって嘲笑の種にする。言われたら、言い返せばいいだけのことだ。ただし言い負けしないってことは大切で、ぼくが平気でいられたのは、そういうことが得意だったからかもしれない。だけどまあ、それは些細なことだ。

そんなことよりも、新入りだろうが外国人だろうが遠慮せずに、自分の実力で勝負できるフランスという国がぼくの性に合っていた。料理の腕でも、口喧嘩でも、フランス人に負ける気がしなかったし、あの時代のぼくは、自分をフランス人だとなかば本気で思っていた。つまりひどいフランスかぶれだったわけだけど、そういうフランスでの生活をぼくは楽しんでいた。あんなことでもなかったら、ぼくはフランスで結婚して、ほんとうのフランス人になっていたかもしれない。

給料が出るまでは野宿。砂浜に寝場所を作り、満天の星の下ぐっすり眠った

貯金はしなかった。

「十年間は向こうで勉強しなさい、稼いだお金は自己投資しなさい」

ヨーロッパに旅立つとき、村上さんが言ってくれた言葉がいつも心のどこかにあった。と、言えば格好いいけど、それは言い訳だ。ぼくの性分なのだ。稼いだ金は片っ端から使った。家賃の高いアパルトマンに住んで、好きなものを食べて、好きなだけ飲んで、友だちに会えば大盤振る舞いをする。

そんな暮らしを続けていたら、どんな高給取りでも破綻する。

カンヌ近郊ラ・ナプールの「ロアジス」に辿り着いたとき、ぼくはほぼ一文無しだった。シェフはルイ・ウーティエ。「すべての始まり」のシェフ、伝説のフェルナン・ポワンの最晩年の愛弟子だった人だ。

ムッシュ・ウーティエは厨房に腰を据えないタイプのシェフだった。料理は厨房に任せて、自分は客の相手をする。幅の広いネクタイと赤いパンタロン姿が彼のトレードマークで、華やかな南フランスのリゾート地のレストランによく似合っていた。

例によってすぐ働けることになったのだが、さしあたって寝る部屋がない。「ロアジス」には寮がない、ぼくには宿に泊まる金がない。だけどちっとも困らなかった。

それは夏のバカンスシーズンだった。夜は暖かい。目の前にはコート・ダジュール、紺碧海岸が延々と続いている。野宿できる場所はいくらでもあった。

厨房の仕事が終わると、自分の服に着替え、わずかな荷物を入れたバッグを抱えて海岸に出る。砂浜に寝場所を作り、満天の星を見上げながら、翌朝までぐっすり眠った。太陽が水平線から昇るかなり前から、東の空が明るくなり始める。西の空はまだ暗い。七色に染まるあの時間帯の荘厳な空の下で目覚める贅沢は、カンヌの超高級ホテルに泊まっても味わえるもんじゃない……。

給料が出るまでの一ヶ月野宿した。雨の日は、空き家を探して潜り込んだ。シャワーが浴びたくなれば海で泳いだ。まったく問題なかった。

子どもの頃から貧乏には慣れていたから、お金がなくてもなんとかなるのを知っていた。無一文がこわくないから、稼いだお金はどんどん使った。それもまあ自己投資みたいなもんだ、くらいに考えていた。お金なんて腕一本でいくらでも稼げる。ぼくは若くて、自信に満ちあふれていた。

一ヶ月後に給料を貰い、ぼくはすぐ部屋を借りた。「ロアジス」の厨房には他にも日本人の同僚がいた。日本の調理師学校から研修で派遣された優等生で、その人が住んでいたアパルトマンの部屋を紹介してもらった。長居はしなかった。夏のバカンスシーズンの四ヶ月間だけ「ロアジス」で働いて、ぼくは次の厨房を目指した。

あれは確かジャン・ドラベーヌの「カメリア」で働いていた時期だった。休みの日にリヨンかどこかの街角で、「ロアジス」で働いていたその日本人の同僚と偶然すれ違った。

彼はぼくの顔を見て目を丸くした。久しぶりの出会いに驚いたわけではなく、アパルトマンの大家さんから、その数日前に「ミクニ宛の手紙が届いている」と言われたばかりだったからだ。連絡先を交換していなかったから、ぼくにそのことを伝えようにも方法がない。どうしたものかと考えていたら、二人とはなんの関係もないこんな場所でばったり出くわしたというわけだ。

ぼくはもっと驚いた。

ぼく宛のその手紙が、アラン・シャペルからの手紙だったからだ。

三年前、ジラルデの店を辞めるときのことだ。

「次はどこに行くつもりだ?」と聞かれたから、「できたらアラン・シャペルの店で働きたい」と相談すると、ジラルデはその場で電話をかけてくれた。ムッシュ・ジラルデは厨房でこそ悪魔だったけれど、それ以外では世話焼きでいい人だった。

「ムッシュ・シャペル、私の厨房にいる日本人が、あなたのところで働きたいと言っているんだけど……」

三年待ってくれというのが、アラン・シャペルの返事だった。今は厨房に空きがないという。欠員が出たら連絡するという話だったが、正直なところ、あまり期待はしていなかった。

彼の店「アラン・シャペル」は飛ぶ鳥を落とす勢いで、働きたいという料理人は星の数ほどもいたはずだから。

そのムッシュ・シャペルが約束通り三年後に手紙を書いて、今なら厨房で雇えると知らせてくれたのだった。

あのときもし昔の同僚に偶然出会っていなかったら、おそらくムッシュ・シャペルの厨房に入ることはできなかっただろうし、だとしたらその後のぼくがどんな人生を歩んでいたかは、それこそ神のみぞ知る。

ジラルデがぼくに料理人としての自信を与えてくれた人だとすれば、シャペルはぼくに料理人として進むべき方向を教えてくれた人だった。

それもたった一言で。

「厨房のダ・ヴィンチ」と呼ばれたアラン・シャペルの静寂と哲学

リヨン郊外のミヨネーという小さな村に「アラン・シャペル」はあった。

大きな一軒家のグランメゾンで、首にタオルを巻いた中年男が、芝刈り機で敷地の芝を刈っていた。「ムッシュ・シャペルに会いたいのですが」と告げると、「あっちだ」と母家の方向を指差した。

教えられた玄関は閉まっていた。ドアを叩いても反応がない。あたりを見回しても誰もいない。ムッシュ・シャペルはまだ店に着いていないのだろうか。だけど、それならなぜ芝刈りの中年男は、あっちにいると言ったのだろう。

しばらくそこにいても誰も現れないのでやきもきしていると、向こうからさっきの中年男が歩いてきて玄関の鍵を開けた。中に入れとぼくに言う。

その中年男がアラン・シャペルだった。

シャペルはジラルデと対照的な料理人だった。

年齢はシャペルが一歳若い。ぼくが初めて会ったそのときは、四十一、二歳だったはずだ。三十歳で父が経営していたレストランのシェフになり、二年後にミシュランの二つ星を取る。三つ星を取ったのはその四年後、彼は三十六歳だった。

師匠は「ラ・ピラミッド」のフェルナン・ポワン。「すべての始まり」のシェフだ。

まあそれはぼくがそう思っているということだ。いや「すべての始まり」なら、やはりオーギュスト・エスコフィエだという人もいるだろう。彼の前にはアントナン・カレームがいたという意見もあるかもしれない。どちらも間違いではない。

宮廷で作られていた料理を整理して、フランス料理の原型を築き上げたのがアントナン・

カレームだった。カレームはフランス革命時代の料理人だ。石工の息子で建築の素養もあったらしい。彼は王様の食卓を飾っていた豪華な料理を、革命に勝利した民衆向けに改革したわけだ。民衆と言っても当時の上流階級だ。彼の名声を確かなものにしたのは、ウイーン会議に出席したヨーロッパ各国代表たちのために作った料理だった。現代の我々が見れば、料理というよりは建築物で、再現するにはレシピだけじゃなくて設計図も必要なんじゃないかという巨大な代物だった。

カレームの宮廷料理的な装飾性を簡素化して、フランス料理の基礎を作ったのがエスコフィエだった。前に書いたように、エスコフィエの『Le Guide Culinaire』は料理人のバイブルになった。フランス国内はもちろん、遠い東の国日本の料理人にまで影響を与えた。そういう意味で、エスコフィエはフランス料理の父と呼ばれる。

エスコフィエの五十年後に現れたのがフェルナン・ポワンだ。彼もまたフランス料理の歴史に大きな一石を投じた。料理というものは、土地に根ざしたものでなければならないと彼は言った。地域の食材を使い、地域の人々のために料理を作るというのが彼の考え方だった。その料理が評判になり、逆説的だけれど、ヴィエンヌにある彼のレストラン「ラ・ピラミッド」には世界中から客が訪れるようになる。

そして彼の厨房で修業した弟子たちが、フランス料理の流れを大きく変える。それがいわゆるヌーベル・キュイジーヌで、旗手とされたポール・ボキューズも、トロワグロ兄弟も、ロジェ・ヴェルジェも、みんなフェルナン・ポワンの弟子なのだ。現代フランス料理はフェルナン・ポワンから始まったと言っても過言ではない。

アラン・シャペルは、その綺羅星のごときフェルナン・ポワンの弟子たちの中でも最も若い世代に属し、当時最も注目されるカリスマだった。

にもかかわらず、彼はそういう華やかさとは無縁の人だった。ジラルデよりも若いはずなのに、年上に見えた。厨房の雰囲気も正反対で、ジラルデの厨房では怒号が飛びかっていたが、シャペルの厨房は静寂そのものだった。大きな声で話す料理人はいない。そもそも会話がほとんどない。全員が黙々と自分の仕事に取り組んでいた。

料理人は原則として同じ宿舎で暮らすことになっていて、ぼくもそこに入ったのだけれど、その宿舎は村の修道院だった。家賃を修道院に納めることで、レストランの収益を少しでも地域に還元したいというのがムッシュ・シャペルの考えだった。だけどそれだけじゃなくて、ムッシュ・シャペルは料理人が宿舎に戻っても静かな生活をしてほしかったんだと思う。仕事終わりに料理人仲間と世間話をしたくても、ミヨネー村にはバーもカフェもない。誰かの部屋に集まって飲もうにも、修道院の簡素で狭い部屋では憚《はばか》られる。静かに本を読むか、手紙でも書いているしかなかった。

ムッシュ・ジラルデの料理が直感から生まれるように、シャペルの料理は彼の思索と哲学から生まれる。人はアラン・シャペルを厨房のダ・ヴィンチと称えた。

騎馬像を作るために、レオナルド・ダ・ヴィンチは馬を何頭も解剖した。川の流れを描くために、水の渦巻きを何十時間も見つめて精緻なスケッチを残した。人類史に残るダ・ヴィンチの芸術は、すべて自然の観察から生まれた。

アラン・シャペルも、目の前の食材をなにより大切にした。彼の料理もまた、自然との対話から生まれたものなのだ。

彼の著書にこういう言葉がある。

「料理は節度のある行為でなくてはなりません
繊細な感性と慎み深い態度で臨むのです。
すべてを決めるのは食材自身であり
料理人は自然の恵みを学び続ける
永遠のアプランティ（弟子）なのですから」

（ALAIN CHAPEL la cuisine c'est beaucoup plus que des recettes）

著書のタイトルを日本語に訳すなら『ルセットを超える料理』だろうか。ルセットはレシピだ。料理はレシピを超えた先にあると彼は言った。なにを何グラムとか、何十分茹でるとか、レシピに囚われていたら、ほんとうの料理は作れない。

なぜなら固定されたレシピは、自然との対話を妨げるから。

同じトマトでも、トマトはひとつひとつみんな違う。色も形も大きさも匂いも味も違う。どこで採れたか、誰が育てたか、雨が降ったか、風が吹いたか……。

今自分の目の前にあるこのトマトを、よく見て、匂いをかぎ、味を確かめ、その最良の個性を引き出してやることが、料理人の仕事なのだと彼は言う。レシピに囚われると、それを忘れてしまうと。

だから彼は過度なテクニックを嫌った。料理人の技術が、食材の個性を覆い隠してしまうことがよくあるからだ。技術は最小限に抑えて、食材の持ち味を生かすのが彼の流儀だった。そして料理人に「節度のある行為」や「慎み深い態度」を求めた。

食材の持ち味を生かすというのは、今ではよく言われることだけれど、当時としては革新的な考え方だった。エスコフィエ以来のフランス料理が世界の上流階級の料理の標準になったのは、なんといってもフランス料理の技術が卓越していたからだ。多種多様な火入れの方法、何十種類ものソースを作り分ける技術、料理を美しく盛りつけるいくつもの技……。極端に言えば、シャペルはそういう技術を否定した。

もちろんアラン・シャペル自身は、フェルナン・ポワンの優秀な弟子として、極めて高いレベルの技術を持っていた。けれどそういう人間の技術よりも、食材そのものの方が大切だという境地に辿り着いた。それが彼の哲学だった。だからこそ自然から謙虚に学び、技術をひけらかすことを戒めた。

食材からインスピレーションを受け、その食材をできるだけシンプルに組み合わせるのがジラルデのスタイルだ。アラン・シャペルとフレディ・ジラルデは、そういう意味で、考え方の根底は共通していた。

ムッシュ・シャペルは毎朝ジープで近隣の農園を回った。新鮮な野菜、搾りたての牛乳に生クリーム、卵も鶏も、牛肉も羊肉も、ほとんどが顔見知りの農家や、酪農家から毎日使う分だけ買い上げたものだった。この食材集めだけは他の料理人に任せることなく、いつも彼が一人でやっていた。それが料理人としての彼の最も重要な仕事だった。今でいう地産地消だけど、彼は五十年前からその価値に気づいていた。そして彼が毎朝書くメニューには、食材の産地と生産者の名前が記されていた。これも近頃のレストランでは珍しくないけれど、そもそもは彼の始めたことだった。

彼は生産者たちとの関係を大切にした。食材があってはじめて料理がある。その食材を育てるのは生産者だ。一皿の料理は、料理人だけが作るわけじゃない。生産者と大地との合作だという彼の哲学がメニューにも現れていた。

ムッシュ・シャペルが集めた食材が厨房に届くのが毎朝十時ごろ。

その先が、ムッシュ・ジラルデの厨房とは様子が違っていた。

ジラルデのように、そこから料理を作り始めるわけではない。シャペルが食材を見ながらメニューを書き上げた時点で、その日なにを作るかが決まる。ルセットは超えなくちゃいけないけど、道標としての彼のルセットはあるわけだ。

少し前までは厨房に立っていたそうだが、ぼくの時代のムッシュ・シャペルのポジションはデシャップだった。料理はすべてぼくたちに任せ、デシャップで出来上がった料理の最終確認をする。オーケストラの指揮者のように、そこから厨房全体をコントロールしていた。事細かく指示を出すわけではない。

なにしろ寡黙な人で、シェフとは多少の打ち合わせもするけれど、仕事中はぼくたち料理人にほとんど言葉をかけないのだ。

ぼくはポワソニエだったから、魚やエビの下処理から毎日の仕事が始まる。リヨンにはドンブという広大な湿地帯があって、そこで獲れるエクルヴィス（ザリガニ）やグルヌイユ（蛙）もよくメニューに載った。

ドンブ産のグルヌイユは特に有名で、ぼくらはこの蛙を単にドンブと呼んでいた。生きたドンブが大きな袋詰めで届く。ナイフでお腹を割いて皮を剝き、後脚を骨つきのまま切り出す。蛙と聞いて拒絶反応を示す人もいるけど、向こうでは高級食材だ。ドンブの後脚をバターで揚げ焼きにすると、これがほんとに旨いのだ。

懐かしくて話が横道にそれた。そういう作業を、ムッシュ・シャペルの視線を背中に感じながら静かに延々とやるわけだ。蛙の皮剝きならまだしも、料理を盛りつけるときには手が震えた。なにも喋らなくても、シャペルの哲学が厨房を支配していた。

初めて声をかけられたのは、厨房に入って三ヶ月目のことだった。

ぼくはエクルヴィスのムースを盛りつけていた。めったにそんなことはないのだけれど、そのときムッシュ・シャペルが近づいてきた。

ぼくが作っている料理を見て、一言こう言ったのだ。

「セ・パ・ラフィネ」

直訳すれば、洗練されていない、だ。

スプーンを持つ手が震えた。言葉の意味はわかったけれど、彼がなにを言いたいのかがわからなかった。洗練されていないから、作り直せとは言わなかった。ここをこうしろという指示もなかった。どういう意味か聞き返そうにも、ムッシュ・シャペルはそれだけ言うと、デシャップに戻ってしまった。

ぼくの作ったエクルヴィスのムースは、なにも手を加えられることなく、そのまま客席に運ばれて行った。シャペルは不出来な料理を客に出すようなことはしない。

「アラン・シャペル」の料理としては、文句がないということだろう。その後、ポワソニエのポジションを外されることもなかった。

それなのになぜ、セ・パ・ラフィネなのか。

周りの料理人にも聞こえたはずだけど、誰もなにも言ってくれない。

その日からずっと、そのことだけを考え続けた。

洗練されてないとはどういうことか。厨房で仕事をしていても、修道院の薄暗くて狭い部屋に帰っても、延々と考え続けた。

またしても、あの頃のぼくは天狗になっていた。歴史に残るような数々の三つ星レストランで働いて、自分の技術には自信を持っていた。どこの厨房でも通用したし、重要な仕事を任された。高い報酬も貰っていた。

その自信がアラン・シャペルの一言で、完全に崩壊した。

あの料理のどこが洗練されていないのだろう。

ぼくの盛りつけは誰よりも手早かったし、誰よりも美しかった。

そのどこが不満なのだろう。

シャペル本人に聞いてみたかったけど、考えただけで脚が震えた。たとえたずねたところで、なにも答えてはくれない気がした。

アラン・シャペルはぼくに謎をかけたのだ。

バカみたいな話だけど、ようやく目が醒めた。ぼくはフランス人じゃない

その答えを考え続けて、ひと月が過ぎ、ふた月が過ぎ。

ある夏の暑い日に、こんなことがあった。

ぼくが作ったマンジェに、苦情が出たのだ。

厨房ではまかない料理を、マンジェと呼ぶ。「アラン・シャペル」のマンジェは当番制で、料理人が交代で作っていた。

ぼくが当番の日はけっこう好評で、いつもはみんな喜んで食べてくれるのに、その日は様

子がおかしかった。仲のいい料理人が一口食べて首を傾げ、テーブルにあった生クリームに手を伸ばした。

牛乳は近所の牧場からバケツで運んでくる。搾りたてだから、放っておくと脂肪分が浮いて固まる。バターも生クリームも、その新鮮な牛乳を使い厨房で手作りしていたから使い放題なのだ。それにしても人の作った料理に、たっぷり生クリームかけやがって、せっかくの味が台無しじゃないか。

「ミクニ、これ味が薄すぎないか。こんな料理じゃこの暑さには勝てないよ」

ぼくの視線に気がついて、その男が文句を言うと、他の料理人たちもそうだそうだと言い始めた。生クリームだけじゃたりなくてバターを足しているやつもいる。

こんなに暑いから、さっぱりした料理を作ったんじゃないか。油を使わず、さっぱりした仕立てにして、みんなの食が進むように考えて作ったのに。ほんとなら素麵か冷やし中華でも食べたいところだ。だけどここはフランスで、食べるのはフランス人だから、彼らのために、キレッキレのさっぱりフレンチを作ってやったんだ。

「そんなにクリームだらけにして、お前こそよくそんなもの食えるな」

そう言い返して、ふと思い出した。日頃から彼らが、ぼくの感覚からすれば、尋常じゃない量のバターやクリームを食べることを。チーズだってそうだ。食事で満腹のはずなのに、チーズが出てくると目の色が変わる。何種類ものチーズを、あれもこれもと皿に取り分けて、挙句にお代わりまでして、実に幸せそうに食っている。

「生まれたときからずっとこうだよ、祖母《ばあ》ちゃんの料理も母《かあ》ちゃんの料理も。これのどこがクリームだらけだって?」

誰かがそう言ったら、みんなが頷いた。

バカみたいな話だけど、それでようやく目が醒《さ》めた。

ぼくはフランス人じゃない、と。

八年もフランスで暮らして、朝から晩までフランス語で喋って、フランス語で喧嘩して、夢までフランス語で見るようになって、自分はフランス人になったつもりでいた。けれど、ぼくはどこまでも日本人だった。

あっちこっちと厨房を渡り歩き、フランスの最良の料理人たちと出会い、彼らの料理の技術、考え方、生き方を知った。フランス各地の食材を熟知し、良し悪しの見極め方も、それぞれの個性を生かす知恵も学んだ。確かに自分は日本生まれだけど、三國清三という料理人を育てたのはフランスの人々であり、フランスの豊穣な食の文化なのだ。フランス料理を作ることにかけて、ぼくの右に出るフランス人はめったにいない。

三つ星の店で高い報酬を得て、三つ星の料理を作っているのだ。

フランス料理はぼくのアイデンティティだった。

それが見当違いだということに気づいたのだ。

ぼくが作っていた料理は、色も形も香りも味も、正真正銘の「アラン・シャペル」の料理だった。厨房のダ・ヴィンチの料理だった。

アラン・シャペルもそのことに異論はなかった。そうでなければ、「これは私の料理ではない」と言って、皿ごと捨てていたはずだ。

料理に問題があったわけじゃない。

ぼくはあの料理を、アラン・シャペルのレシピで作った。彼の哲学に従って、彼の料理を作った。

ぼく自身の心で、ぼく自身の味覚や好みで、食材と向き合っていたわけじゃない。

フランス人になったつもりで、フランス人のように食材を見ていた。

フランス人の真似をして、フランス料理を作っていた。

ぼくがほんとうに好きなもの。心から旨いと思うもの。

それは親父の刺し網にかかったアワビやウニや甘エビだ。浜で拾ったホヤだ。熱い味噌汁に、炊き立てのご飯。醤油をつけた刺身……。

そういうもの全部に封印をして、ぼくじゃない誰かになりすまして、ただの見せかけだけの料理を作っていた。

そういう料理を作り続けることはできたと思う。

それじゃいつまで経ってもぼくの料理は作れない。

どんなにすごい料理を作っても、それは人真似でしかない。

あのエクルヴィスのムースは、ぼくの心で作った料理ではなかった。知識と技術だけで作った料理だ。いうなれば、天才の料理を上手に真似た優等生の料理だ。うわべはよくできていても魂が抜けていた。

シャペルにはたぶんそれがわかったのだ。

それはただのアラン・シャペルの料理じゃないか。皿の上のどこにも、お前自身がいないじゃないか。お前はダサいなあ、と。

あの人はそう言いたかったんじゃないか。

シャペルは、曲がった胡瓜は曲がったまま使えという人だった。自然から生まれた形を、どう生かすかはあなたが考えなさいと。

考えるのはぼくだ。

だけど考えるぼくが空っぽだったら、なにも生まれはしない。

永遠にセ・パ・ラフィネだ。

日本に帰ろうと思った。

フランスに帰って自分の料理を作る。

フランス料理を作るのはもうやめだ。

いや、それは正確じゃない。

フランス人のようにフランス料理を作るのはやめる。

ぼくは日本人として、フランス料理を作る。

ぼくの知識や技術はフランス製だ。料理人としての骨格と筋肉はフランスで鍛えられたのだから、それは変えられない。ただし、もうフランス人の真似はしない。

増毛で生まれ、北海道の風土に育まれた日本人として、ぼくにしか作れないフランス料理を作る。

そう決めたら、この何ヶ月もずっと沈んでいた気持ちが楽になった。

一年半の契約期間が終わりに近づいたとき、ぼくはムッシュ・シャペルに日本に帰ることを告げた。

「わかった」

彼は簡潔にそう言って、サティフィカを書いてくれた。

フランス・ロアンヌのトロワグロ兄弟と。兄のジャン（左）はソース作りの天才。和やかな厨房だった。

第六章　ジャポニゼ

気がつけばぼくもジラルデと同じことをしていた。つまり悪魔になった

一九八二年十二月、八年間の料理修業を終えてフランスから帰国した。

ぼくは二十八歳になっていた。

ジラルデの店を出るときは「修業は終わりだ、これからはプロの料理人として生きる」なんて息巻いていたけど、結局は修業だった。どの厨房にも神様のごときシェフがいて、ぼくは追いつこうと必死だった。なんとかいっぱしの料理人になれたと思っていたら、最後にセ・パ・ラフィネでとどめを刺された。

そういう時期だったんだと思う。

そろそろ自分でやってみたくなったのだ。

誰かの料理を作るのではなく、自分の料理を作ってみたくなった。じゃあその自分はなんだって考え始めて、自分が日本人だってことを意識するようになった。フランス人と自分の違いを意識するようになった。

その迷いがあの皿にのっていた。

ムッシュ・シャペルは一目でそれを見抜いたのだ。

セ・パ・ラフィネ。

洗練されてない。

深い意味なんてない。

彼は見たままを言ったのだ。

何年修業しようがぼくは日本人だ。その事実は変えられない。

ならばそこから始めるしかない。

その事実に目を瞑《つぶ》る限り、フランス人のつもりでいる限り、ぼくはフランス人を超えられない。


日本はまるで別の国だった。

七〇年代前半の日本から、いきなり一九八二年暮れの東京に降り立ったのだ。バブル景気時代の狂騒が目前に迫っていた。新東京国際空港は超近代的で、なんだかよそよそしかった。東京の街並みも、街ゆく人の姿も変わっていた。

帰国して真っ先に、帝国ホテルの村上総料理長に挨拶に行った。

「辛抱しなさいと言われた十年には二年足りなかったけど、自己投資だけはしっかりやってきました。お金は全部使い果たしました」

そう言って財布を出したら、ほんとに千円札一枚と小銭しか入ってなかった。帰りのチケット代で、所持金はほとんどなくなった。それが全財産だった。村上さんが笑いながら言った。

「それはご苦労でした。ところでもうすぐ開業する新しいホテルがあるのですが、料理長やってみませんか」

村上さんはぼくを気にかけてくださっていた。すごく嬉しかったけれど、話を受けるわけにはいかなかった。

「ありがとうございます。でも、街場のレストランで腕試しをしたいんです」

ぼくにはやってみたいことがあった。

何年か前までは、日本でフランス料理をやるならホテルしかないと思っていた。そういう時代が大きく変わろうとしていた。

四ヶ月後の一九八三年三月、ぼくは市ヶ谷の一口坂に開業した料理店の雇われシェフになった。店名は「ビストロ・サカナザ」。

オーナーの池田さんという人が、フランスまで来てぼくを口説いたのだ。

実を言えば、フランスにいた頃からぼくは結構有名になっていた。三つ星の厨房で若い日本人が働いているという話題にはニュースバリューがあるらしく、料理の専門誌で紹介されたりしていたのだ。何度か取材に来るうちに仲良くなった柴田書店の編集長の斉藤さんという人から「三國さんと会いたがってる人がいる」と紹介されてパリで会ったのが池田さんだった。

「東京のビストロでシェフをやらないか」というオファーだった。「ビストロだけど三國さんが好きな料理をやってくれていい」と池田さんが言う。ぼくは、二つ返事で引き受けた。ちょうどアラン・シャペルの店を辞めることを決めた時期だった。

自分の料理を作ると口で言うのは簡単だけど、店がなければ料理は作れない。自分の思う通りの料理を作るには、自分で店を開くしかない。ぼくがやりたかったのは普通のフランス料理ではなかったから。そんなお金はどこにもなかった。池田さんがその店を提供してくれる。しかも店の近くにぼくが暮らすマンションまで用意してくれるというのだから、破格の待遇だった。

七〇年代終わりから八〇年代初めにかけて、東京の街場のフランス料理店が脚光を浴びるようになっていた。フランスでの修業を終えて一足先に日本に帰った先輩たちの店だ。鎌田《かまた》昭男《あきお》さんの「オー・シュヴァル・ブラン」、石鍋裕《いしなべゆたか》さんの「ビストロ・ロテュース」、井上《いのうえ》旭《のぼる》さんの「ドゥ・ロアンヌ」……。オーナーはたぶん、四匹目のドジョウを狙ったんだと思う。

自分で言うのもなんだけど、「ビストロ・サカナザ」はいい店だった。四十年も昔のことだから、憶えている人はもういないだろうと思っていたら、ブログに店の思い出を書き残してくれた人がいた。

母の心に今も残るレストランです、とあった。

「どこだか忘れたけどひとつ、素敵なお店に昔連れてってもらったわ」

お母様がよくそう言っていたらしい。ブログの主は親孝行な娘さんで、お母様をあちこちのレストランに連れ出していた。高齢でそれができなくなったお母様が、昔を思い出して話すたったひとつの素敵なお店が「ビストロ・サカナザ」なのだった。

店を広く見せる大きな鏡や、アールヌーボー風の調度品、糊の効いたテーブルクロスや、きびきびとしたサービスのことまで書いてくれていて嬉しかった。あの厨房に漂っていた料理の匂いや、皿やカトラリーがたてる音を久々に思い出した。

ぼくが人生でいちばんとんがっていた時期だ。

テーマが二つあった。ジラルデのようにスポンタネ、即興で料理を作ること。それから自分の味覚に正直になり、フランス料理の枠に囚われず、心から自分の好きな料理を作ること。味噌も醤油も米も、マグロやフカヒレも使った。てんぷらだの茶碗蒸しだのの技も使った。

挑戦的なことばかりやっていた。時間が全然足りなくて、用意してもらったマンションにもほとんど帰らず、毎晩店に泊まり込んで仕込みをしたり試作をしたりしていた。

アラン・シャペルのセ・パ・ラフィネが尾を引いていた。

自分の味覚を信じてやるしかないと覚悟ができたのは収穫だけど、進むべき道が見えたからといって目的地に辿り着けるとは限らない。ぼくが作る以上はどこまでもフランス料理なわけで、フランス的なるものの中で日本人のぼくの味覚と想像力をいかに開花させるかという答えは、とにかく試行錯誤して見つけるしかなかった。

今にして思えば、それがシェフになるということだった。ぼくは三國清三の料理を作らなきゃいけなかった。厨房の料理人だったときは考える必要のなかった問題に直面したというわけだ。

あんなものはフランス料理じゃないという意見もあったけど、ぼくの挑戦的な試みは、どちらかといえば好意的に受け止められた。正統派フランス料理店ではなく、ビストロというカジュアルな店だったのも良かった。一癖も二癖もある紳士淑女が夜な夜な訪れるようになった。出版とかマスコミ系の中でも特にとんがった人たちと最初に出会ったのもあの店だった。新しい物好きと言ったら言葉が軽いけど、好奇心旺盛で自由な心の持ち主たちが、ぼくのやってることを面白がり常連になってくれた。

「ビストロ・サカナザ」は評判になり、店はいつも満席だった。

大変だったのは厨房だ。自分でやってみてわかったが、ジラルデのやり方だと若い料理人を引っ張っていくのが大変なのだ。毎回新しい料理を作るわけだからレシピがない。レシピは料理を作りながらできていく。若い子たちは言われたことはちゃんとやるけれど、言われるまで動かない。教えたことはできるけど、教えたことと違うときょとんとしてる。「これ違います」って言って、止まっちゃう。自分の頭で考えて動こうとしない。「食材は毎日違う。同じトマトだって昨日のと今日のは違う。みんな違うんだ。自分の目で見て、舌で味わって、自分で考えて動け」と言ってもわからない。そういう子らを引っ張りながら、新しい料理を作り続けるには、途轍《とてつ》もないエネルギーが必要だった。なぜジラルデがあんなに怒り続けたのかわかった。ジラルデの緊張感と集中力が、ぼくの厨房にも必要だった。気がつけばぼくもジラルデと同じことをしていた。怒り、わめき、怒鳴り散らし、時には蹴ったり、叩いたり。

つまり悪魔になった。

弁解する気はない。時代のせいにするつもりもない。他に方法はなかったのかといえば、たぶんあった。現に今はしていない。ただ単純な事実として、あの頃のぼくはそうだった。厨房で殴ったり蹴ったりすることを、なんとも思っていなかった。いやなんとも思っていないふりをした。ジラルデの厨房を再現できるなら、それこそ悪魔に魂を捧げたっていいと思っていた。開店して日も浅かった頃、なんで怒ったかもう忘れたが、腹に据えかねることがあったから、厨房にいたスタッフに「おまえらみんな辞めちまえ」と怒鳴りつけたら、ほんとにスタッフ全員にその場で辞められてしまったことがあった。そのときは、夜中にフランス時代の友人の家に押しかけて、叩き起こして、「明日店手伝ってくれ。同じ釜の飯を食った仲間だろ」と泣きついて、なんとか翌日も店を開けることができた。

やることが無茶苦茶だ。ぼくはとにかく必死だった。文字通り命がけで料理を作っていた。自分の料理を作るのが、あんなに大変とは思わなかった。だけどこんなにやり甲斐のある仕事もなかった。

それだけに、オーナーが「ビストロ・サカナザ」を年中無休にしたいと言ってきたときにはカチンと来た。どうしてですか、と理由をたずねた。

「店の借金の返済もあるし、これだけ客が入ってるんだから……」

「ぼくが休みの日、料理どうするんですか?」

怒りが声に滲まないように気をつけた。オーナーは気づかなかった。

「二番手の子に任せればいいじゃない」

その一言でブチギレた。やっぱりなんにもわかっていない。あれだけの料理を作るのに、ぼくが毎日命をすり減らしていることを。若い料理人を手足のように動かすために、ぼくがどれだけ喉を嗄《か》らしているか。そして客がなにを食べに来ているのかを。

みんなぼくの料理を食べに来ているのだ。

誰にもぼくの代わりはできない。

「馬鹿言うんじゃない。なら俺は辞める」

大喧嘩して店を辞めた。こうして伝説の「ビストロ・サカナザ」は一年八ヶ月の短い歴史を閉じる。

若気の至りだ。自意識過剰だ。

オーナーは無理強いをしたわけじゃない。経営者として当然の提案だった。ぼくにしても、若手をもっと上手に育てられていれば、あんなに腹を立てなかった。自分の代わりができる、若い料理人を育てるのはシェフの重要な仕事でもある。

あの時期はその余裕がなかった。自分の料理のことしか考えていなかった。


窓に灯りが見えたので、迷わず玄関の呼び鈴を押した

一九八四年暮れのことだ。

「ビストロ・サカナザ」を辞めたので、ぼくは仕事を失い、住んでいたマンションから追い出されて宿なしになった。例によって、貯金は限りなくゼロに近い。職なし宿なし貯金なし。すがすがしいほどなんにもなかった。

でも、次のステップは決まっていた。

自分の店を持つ。ここまで来たら、それ以外の道はない。「サカナザ」でやりかけたことがまだ終わってなかった。自分の料理を作ることを知ってしまった。もう誰かの下で、誰かの料理を作るつもりはなかった。

それに、ぼくが「サカナザ」を辞めたときに、後を追って辞めたスタッフが何人かいた。こんなぼくについていくと言う。彼らのためにも、なんとかして自分の店を持たなきゃいけなかった。

「お金と信用と技術、三國さんは三つのうち二つがあればお店は持てます」

「サカナザ」によく来ていた女性に言われた。正確には、その女性が信じていたどこかの教祖様がそう言った。教祖様にぼくのことを相談してくれたと言う。あぶなっかしいぼくを心配したのだろう。教祖様の話では、ぼくは「底に穴のあいた壺」なのだそうだ。確かにそれは当たっている。穴があいてるから、いつまでも金が貯まらないのだ。だけど、いい話を聞いた。三つのうち二つあれば店が持てるということは、お金がなくても信用と技術があれば店を持てるということだろう。教祖様を信じたわけじゃないけど、それならなんとかなるんじゃないか。

ぼくについて来るというスタッフには、必ずみんなが働ける店を作るから、悪いけど日雇い仕事でもなんでもしてそれまで待っていて欲しいと頼んだ。ぼくは柴田書店の斉藤さんのアイデアで全国ツアーをやった。北海道から沖縄まで全国各地のホテルを回ってフランス料理のフェアをやって、品のない言葉を使えば、食いつないだ。「フランス帰りの三國シェフ、東京より来る」というわけだ。日本が本物のフランス料理に飢えていた時代だったから、どこに行っても大歓迎だった。

そういうことをやりながら、店を探した。

理想は自然に囲まれた村の一軒家のレストランだ。ぼくが修業した星つきのレストランはみんなそうだった。パリにもいいレストランはあるけれど、心惹かれたのは地方のレストランだ。「ジラルデ」もそうだったけど、「オーベルジュ・ドゥ・リル」も「アラン・シャペル」も、他になにもない田舎の村にポツンとある。そこで食事をするためだけに旅をする価値のあるレストランだ。フランスの地方にはそういう宝石のようなレストランがいくつもある。こういう田舎に店を持ち、そこで自分の好きなように料理を作り、家族を作る人生を考えたこともある。それは料理人としてのぼくのひとつの夢だ。けれど、当時の日本ではまださすがに早かった。昔に比べればフランス料理が知られるようになったとはいえ、それは都市部に限られた話だ。

実は増毛に店を開いてはどうかと考えて故郷に帰ったことがある。気候はヨーロッパに近いし、海産物も農産物も豊かで、酪農も盛んだから新鮮なクリームやチーズも手に入る。フランス料理店には理想的な環境だ。けれど、その時出会った中学時代の同級生に「フランスに行ってた」と話したら、「フランス？　札幌にそんな店できたのか」と真顔で返された。北の果ての寒村で最先端のフランス料理が受け入れられるまでには、まだ少し時間がかかりそうだった。

現状での選択肢はやはり都会だけれど、せめて繁華街ではなく、緑豊かな住宅街の一軒家でやってみたかった。それで「サカナザ」の常連客だった不動産業者の村上さんに相談すると、心あたりを探してくれると言う。村上さんの案内で、渋谷の松濤をはじめ、都内の住宅街をあちこち歩いてみたが、どうもピンと来る物件がない。ようやく見つけたのが、四谷の学習院初等科裏手にあった一軒家だった。

住所は新宿区若葉。迎賓館赤坂離宮にほど近い高級住宅街だ。ぼくは住宅街の奥まった場所にあったその建物を一目見て、探していたのはこれだと思った。窓に灯りが見えたので、迷わず玄関の呼び鈴を押した。

そこから先の話はこの本の冒頭に書いた通り。その家を借りて店を開けることにはなったが、金は一銭もなかった。


「こんな店の一軒くらい、いつでも潰してやる」


さてどうやって店を開業したか。

思わせぶりを言うのはやめよう。

話はとてもシンプルだ。全部借金した。お金を借りたんじゃなくて、ぼくという人間を担保にして後払いにしてもらった。

レストランだからなにはなくとも皿がいる。まずノリタケの当時の社長さんを訪ねて頭を下げた。

「すいません、お金ないのでぼくの身体を担保にお皿作ってもらえますか」

「よしわかった」

次は佐々木硝子だ。同じように社長さんのところに行って頼み込んだ。

「お金ないので、ぼくを担保に……」

「ああ、いいよ。三國さんだったら作ってあげる」

内装も厨房設備も、すべてその調子で直談判で後払いにしてもらった。相手はみんな「サカナザ」の常連客であり、常連客の友人であり、常連客の知人であり、要するにすべて「サカナザ」時代に培った人脈だ。

「サカナザ」で一年八ヶ月、寝る間を惜しんで自分の料理を作り続けた甲斐があった。お金がなくても、信用と技術があれば店が持てる。結局は言われた通りになった。


こうして一九八五年三月、新宿区若葉一丁目に「オテル・ドゥ・ミクニ」は誕生する。席数は四十席。日雇いで頑張ってくれていたスタッフを呼び寄せ、厨房はぼくを含めて六名、ホール十二人の十八名で開業した。


周囲の心配は的中した。

お客さんが入るわけがない、という心配だ。

四ツ谷駅から歩いても十分かからない、それほど不便な場所ではないのだが、なにしろ住宅街なので夜は暗い。周囲に飲食店は一軒もない。派手な看板を出していないから目立たない。店に辿り着く前に、途中で諦めて帰ってしまう人もいた。

もうひとつ誤算だったのは、迎賓館赤坂離宮がすぐそばにあったことだ。迎賓館に外国の元首や要人が泊まると、近隣の路地が警備の警官でいっぱいになる。貴重な予約客が四ッ谷の駅から店に来るまでに、二回も三回も警察官に呼び止められ、カバンやバッグの底まで調べられるという出来事が頻発した。「この先のレストランに行くんです」なんて正直に言うものだから、余計に怪しまれたらしい。こんな住宅街に飲食店があるはずがない。見え透いた嘘と思われたのだろう。

開業して半年は、お客さんがほんとに入らなかった。「ビストロ・サカナザ」の常連客は来てくれたし、新しいお客さんもいなかったわけじゃないけど、毎月赤字続きで借金は増えていくばかり。あのまま店が潰れてもおかしくなかった。

「こんな店の一軒くらい、いつでも潰してやる」

あの頃は、よくそんなことを言っていた。そのくらいの気持ちがないと妥協してしまいそうで恐かったから。

お客さんが入らなくても、自分の料理を作り続けた。

それがどんな料理かは、開業の翌年に出版した『皿の上に、僕がある。』を見ればわかる。

真俯瞰の料理写真で構成した大型の料理本だ。

トマト、ピーマン、きのこ、ポワロー、リ・ド・ヴォー、エクルヴィス、車エビ、帆立貝、オマール、まぐろ、糸より、鮭、あんこう、黒鯛、すずき、鶏肉、鳩、鴨、仔羊、鹿。二十種類の食材それぞれにつき六種の料理で合計百二十皿。

神様は世界を六日で造ったそうだけど、その百二十皿をぼくは五日で作った。

毎晩、ディナーの営業を終えてから撮影用の料理を作り始める。夜中の十二時から翌朝六時くらいまでかけて一日二十四皿。大半がスポンタネ、その場の発想で作る新作料理だった。料理を作るだけじゃなくて、それぞれの料理を撮影するわけだから大変だった。一皿作って、写真を撮って、とはいかない。カメラの下で微調整し、作り直しながら、夜中から明け方まで五日間徹夜で料理を作った。料理のアイデアも、料理を作り続けるエネルギーも枯れることがなかった、まるで神懸かったみたいに。

料理はすべて同じ白い皿にのせた。真上にカメラを据えて撮影する真俯瞰の写真だから、変化するのは皿の上の料理だけだ。一ページに一皿ずつ、最初の〈トマトのコンソメ〉から、最後の〈鹿のロティ、ソースポワヴラード・シュペッツル添え〉まで百二十皿のぼくの料理を、百二十ページにわたって並べた。

この本にはもうひとつ面白い仕掛けがあって、ぼくが作った百二十皿の料理とトマトから鹿までのそれぞれの食材の写真は鮮やかなカラー写真なのだが、それ以外の写真は表紙を含めてすべてモノクロなのだ。

表紙はコックコートを着たぼくのモノクロの肖像写真。テーブルに肘をつき、右手で顎鬚《あごひげ》を撫でている。眉間に不機嫌そうな皺を寄せ、顎を微かに上げているので、まるで傲岸不遜にカメラを、いや世界を見下しているみたいに見える。どうだ、俺の料理がわかるか？　ぼくの心の声まで聞こえて来るような写真だ。

表紙をめくるとまずモノクロのアーティスティックな写真がある。なめらかな丸石の浜のアップ。丸石たちの間から白い蒸気が湧いて流れている。なにかが生まれて来そうな予感のするこの写真の隣に、本のタイトルページがある。

『皿の上に、僕がある。』 Kiyomi Mikuni

タイトルページをめくると、もう一枚モノクロの石浜の写真。この写真は少し引いているので、石浜に打ち寄せる波とその向こうの岬や低い雲が見える。写真の下には、気づく人にしか気がつかない小さな書体でキャプションがある。

「僕のすべてが、ここから始まった。北海道・増毛、朱文別の浜」

その写真の隣に料理店のメニューのような目次があって、めくるとスタジオで撮影したコックコート姿のぼくの全身の写真。今度のぼくは素に近い。顔をくしゃくしゃにして笑っている。その隣のページが、この本の著者であるぼくからの挨拶。

「僕のつくるソースの味は毎日違う。僕は、日々進歩する気狂いかもしれない。僕の料理は、空腹と食欲で食べる料理じゃない」

なんて、威勢のいいことが書いてある。

その次に、ぼくと帝国ホテル常務取締役総料理長村上信夫さんの二人のポートレートと、村上さんからぼくに贈る言葉があって、その次に小木曽本雄元大使とかフランス大使館の経済商務公使とか、ぼくの後援者ともいうべき人々の言葉がある。

ここまでが前置きのモノクロのページで、次からがこの本のメインディッシュ、食材とぼくの百二十皿の料理のカラーページが百六十ページ続く。

その後に、またモノクロのページ。ぼくの両親、増毛の風景、修業時代のジラルデやトロワグロ兄弟との記念写真とともに、ぼくの半生が語られる……。

ぼくという人間の背景をモノクロ写真と文章で構成し、それをお皿にして、その上に三國清三という料理人を見事にのせてしまったのだ。

天才的なアートディレクターと写真家、エディターがいてくれたからこそできた本なのだけど、それにしてもあんな料理本は、世界中どこを探してもなかった。

料理は一瞬の芸術だ。食べられるまでの僅かな時間だけ存在して消えてしまう。

あの本はその消えゆく料理を見事に固定した。ぼくがあのとき作った百二十の料理は今も本の中に存在している。

『皿の上に、僕がある。』は、ぼくが世界に叩きつけた挑戦状だった。


あの本によってなにもかもが変わってしまった。

と、言ったら言い過ぎかもしれない。

けれど、自分の店を開業してまだ一年も経たない三十歳の頃に、あの本を出したことは、その後のぼくの料理人としての人生を大きく変えた。

あの本が出るまで、ぼくという料理人を知っているのは、ぼくの料理を食べたことのある人だった。あの本以降、ぼくの料理を食べたことがなくても、ぼくという料理人を理解する人が世界中に増えた。好きか嫌いかは別にして。

知ったかぶりをしているという意味ではない。料理という消えてしまうもの、本来は食べることによってしか経験できない瞬間の芸術を、今も書いたように、あの本は紙の上に固定して、いつでもどこでも誰でも経験できるようにした。

もちろん料理本はそれまでにも世界中で出版されていて、そういう役割を果たしてきた。

そういう意味では、あの本も数多ある料理本の一冊ではある。だけど、やはりあの本は特別だった。読者はページをめくるごとに、テーブルについて料理を食べるときと同じように、ぼくの料理一皿一皿と向き合うことになる。ぼくは魂を込めてあの百二十皿を作ったから、それはぼくの魂と向き合うことでもある。

この本は七刷まで版を重ね、後に復刻版まで出版された。ヨーロッパやアメリカの書店や図書館にも並び、海外でも高い評価を受けた。スイスの五つ星ホテルに行ったときには、総料理長がこの本を持っていてサインを求められた。何年か前にこの本をスイスの書店で見つけて、ぼくのファンになったと話してくれた。他の国でもそういうことが何度もあった。

日本だけじゃなく世界中で、何万人という人があの本を通じて、ぼくという料理人と出会ったのだ。もしかしたら写真とデザインの技術によって、実際のぼくよりも多少美化されているかもしれないけれど……。

料理人というものは、本来は自分の作った料理でお客さんと出会うものだと思う。料理にこそ、その料理人のすべてが込められているのだから。だから、たくさんの人と出会うためには、何十年という長い歳月を必要とする。

あの本は、その時間を大幅に短縮した。

ぼくの料理を食べる前から、ぼくのファンになったという人がたくさん現れた。

そして三國清三という料理人が世に出た。

ただ世に出ただけじゃない。それは日本がバブル景気で湧き立ち、一億総グルメが流行語になった時代だった。


気がつけば、予約が何ヶ月も先まで埋まるようになっていた。

新聞や雑誌などマスコミで取り上げられる機会も増えた。今でもよく憶えているのは、あるテレビ番組だ。ディレクターはたぶん『皿の上に、僕がある。』から構想を練ったのだろう。番組のタイトルは「若き天才料理人　三國清三」だった。そして、あの本ではうっすらとしか描かれていなかった別のキャラクターをぼくにくっつけた。

怒れる料理人、三國清三だ。

番組は、厨房でぼくがスタッフを怒鳴りつける刺激的なシーンから始まる。その後のシーンでも、厨房にいるぼくはほぼ常に怒り状態だった。

実際、この時期のぼくは厨房でよく怒っていた。あまりにも怒るものだから、ぼくが見ているだけで若いスタッフの手が震えて、ムニエルしている魚の身が崩れるほどだった。だからといって、その場面を全国のお茶の間にまで放送してもらう必要はない。そこは映さないでくれと頼むこともできたけど、ぼくはディレクターの演出意図を受け入れた。天国のように美味しい料理と、地獄のように厳しい厨房の対比が視聴者を惹きつけるというのだ。それも一理ある。

それに、ヒールをやるのも悪くないという気がした。ヒール、すなわち悪役がいるからプロレスは面白い。当時の日本のフランス料理界には絶対的ヒーローがいた。前に書いた鎌田昭男さん、井上旭さん、石鍋裕さんの三人だ。フランス料理の技術において鎌田さんの右に出る者はいないといわれた。井上さんはソースの天才と呼ばれていた。ダンディな石鍋さんは女性に絶大な人気を博していた。この三人の間に割って入って日本一になるには、強烈なキャラクターが必要だった。そう考えればヒールはぼくにうってつけのキャラクターだった。だから正直にいえば、普段よりも少し張り切って怒っていたかもしれない。

ヒール役が良かったのかどうかわからないが、この番組が話題になった。ドキュメンタリー番組なのに、視聴率は十八・六パーセントを記録した。今度はお茶の間のレベルでも、ぼくは一夜にして有名人になり、「オテル・ドゥ・ミクニ」はほんとうに予約の取れない有名店になる。

極端にいえば、そこから先は三十七年後の現在まで既定路線みたいなものだ。

「フランス人シェフたちの料理を、見事に〝ジャポニゼ〟してのけたのだ」

有名になると、当然のごとくバッシングが激しくなる。特にフランス料理をよく知るという料理評論家の人たちからは、ひどいことを言われた。

「あんなデタラメなフランス料理はない」とか、「あんなものはフランス料理じゃない」とか。「三國は、すべての秩序を破壊した」とまで言う評論家もいた。

本場のフランスに、味噌だの醬油だの米だのを使う料理はないと言う。その当時は確かにそうだったんだろう。今はどうなってると聞いてみたい気もするけど、まあそれはいい。彼らの言っていることは別に間違ってはいなかったから。

デタラメをやろうと思っていたわけじゃないけど、ぼくがあの頃戦っていた相手はまさにフランス料理そのものだったとも言える。自分が習い覚えたフランスの巨匠たちの料理を乗り越えるのは、なかなか大変なことだった。そのためにはフランス料理の秩序だろうがなんだろうが、ぶっ壊すという気持ちで戦っていた。

あの頃、フランスには十八軒の三つ星の店があった。その十八軒の店には、一つだけ共通点があった。どの店も絶対に他の店に似ていないという共通点だ。

　三つ星の店で最も重要なのはオリジナリティだ。どんなにクオリティが高くて、どんなに美味しくて、どんなに豪華でも、オリジナリティがなければ三つ星とは認められない。他のどこでも味わえない料理があってはじめて三つ星なのだ。弟子が師匠の真似をしているうちは、一人前とは認められない。だからあまり長く巨匠の弟子でいると、一流にはなれないなんて話もある。影響を受け過ぎて、自分の表現を見つけるのが難しくなるからだ。

　ぼくにもジラルデやシャペルという神様みたいな師匠がいた。自分の料理を作るようになって、彼らがいかに天才かということが身に染みてわかった。彼らを乗り越えて自分の表現を見つけるために、ぼくが追求していたのが、自分の生まれながらの味覚であり、日本の風土から生まれた食材だった。

　そんなものはフランス料理じゃないと言われても、それはまあ仕方のないことではあった。確かにフランスにそんな料理はないわけだから。それに批判も評判のうちという言葉もある。バッシングを受けるようになってから、お客さんはさらに増えた。最初は興味本位で店に来たお客さんが、そのまま常連になることもあった。

　味の好みは人それぞれだ。ぼくの好みと、お客さんの好みが違うことはあるだろう。だけど、ぼくの料理はその好みの違いを乗り越えられる。好みが違っても、「ああ美味しい」とお客さんが最後まで食べてしまう料理を目指していた。だからお皿に一切れでも肉や野菜が残ったら、その理由を徹底的に追及した。ほんとうにお客さんの口に合わなかったのか、それとも他に理由があったのか。理由を突き止めて、直せることがあったら必ず直す。毎日作るひとつひとつの皿に全身全霊を込めて、自分の料理を作り続けた。

開業から五年過ぎたある日、ぼくの店に思わぬ人が顔を見せた。

ムッシュ・シャペルだった。

わざわざぼくの料理を食べに、店まで来てくれたのだ。

そして料理を食べ終えると、ゲストブックに長い言葉を書き残してくれた。

セ・パ・ラフィネの答えだとぼくは思っている。

Avec amour et gratitude 6

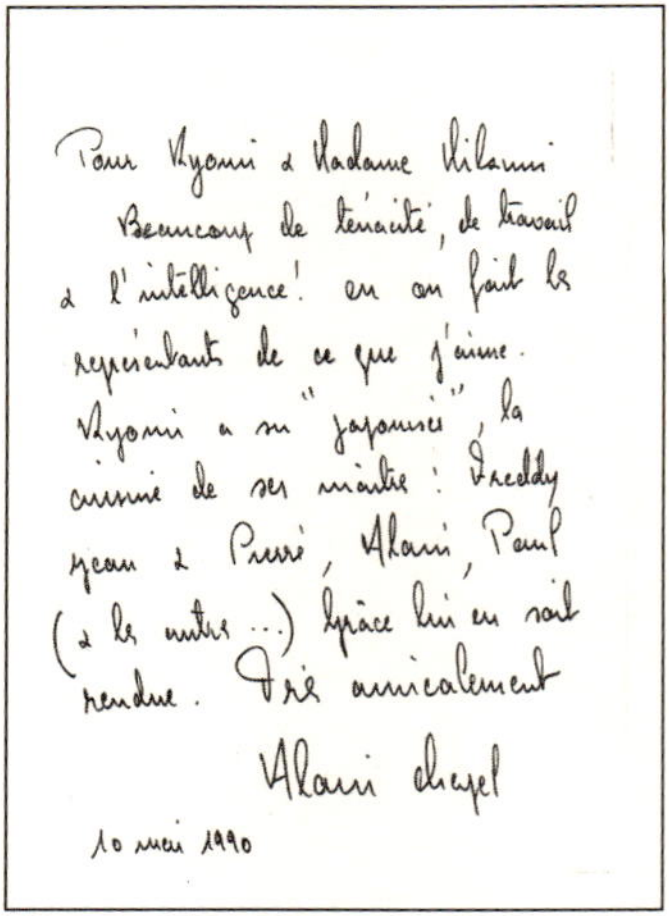
Pour Kiyomi & Madame Mikami
Beaucoup de ténacité, de travail & l'intelligence! en ont fait les représentants de ce que j'aime.
Kiyomi a su "japoniser", la cuisine de ses maîtres: Freddy, Jean & Pierre, Alain, Paul (& les autres...) grâce lui en soit rendue. Très amicalement
Alain Chapel
10 mai 1990

並大抵ではない頑張りとインテリジェントな仕事ぶり、その２つの力によって君は僕が愛してやまない世界を見せてくれた。キヨミはフレディ・ジラルデ、ジャンとピエール・トロワグロ、ポール・エーベルラン、それに私、アラン・シャペル、その他彼の師匠と呼ばれるフランス人シェフたちの料理を見事に“ジャポニゼ”してのけたのだ。この偉業によって恩赦が生まれるほど、彼の仕事はすべての人にとって尊く価値の高い出来事である。

心より、友情をこめて。

1990年5月11日

アラン・シャペルは亡くなる約２ヶ月前にぼくの料理を食べに来て、ゲストブックにメッセージをくれた。

最終章　最後のシェフ

日本人のぼくが作るフランス料理が海外で受け入れられる

アラン・シャペルは料理における地域性をなにより大切にした。地元の食材の個性を料理に生かすことが彼のテーマであり哲学だった。そういう人の言葉だけに、〝見事にJAPONISÉE してのけた〟という言葉が心に響いた。厨房のダ・ヴィンチは、日本に帰ったぼくがなにと戦っていたかを、まるで見通していたみたいだ。

JAPONISÉE、ジャポニゼを直訳すれば日本化だ。

「フランス人シェフたちの料理を日本化する」とはどういうことか。日本人の好みに合うように料理をアレンジするというくらいの意味だったら、ムッシュ・シャペルは偉業とは呼ばなかっただろう。

日本の食材や食文化を取り入れてフランス料理の可能性を広げたことを、彼はジャポニゼと言ったのだとぼくは解釈している。

フランスで迷っていたぼくが、日本に帰り日本の自然の恵みに目覚めたことを彼は喜んでくれた。君のやっていることは間違っていない。もっと日本という国に目を向けなさい。彼はぼくにそう言ったのだと思う。

ムッシュ・シャペルはその日からちょうど二ヶ月後、五十二歳の若さで突然亡くなってしまう。だからそれ以上、この話を彼とすることはできなかった。けれど、海外で仕事をするようになって、ぼくはムッシュ・シャペルの言葉が正しかったことを理解する。ジャポニゼは、料理人としてのぼくの重要なテーマになった。

ムッシュ・シャペルが「オテル・ドゥ・ミクニ」を訪ねたこの時期、ぼくは料理人として海外デビューを果たしていた。最初にオファーをくれたのはニューヨークの有名なレストランオーナー、バリー・ワインだった。

彼はある日突然、「オテル・ドゥ・ミクニ」に現れた。

誰の紹介もなく普通に予約を入れ、普通にぼくの料理を食べ、それから名乗って用件を切り出した。マンハッタンにある彼の店「ザ・キルテッド・ジラフ」にぼくをゲスト・シェフとして招いて、ミクニ・フェスティバルを催したいというのだ。

海外の有名シェフを招いて、期間限定でそのシェフの料理を食べさせるというイベントは日本でも時々開催される。他でもないアラン・シャペルも何度かそのために来日していて、そのたびにぼくは手伝いに行っていたくらいだ。

これは、その逆のパターンだ。日本人シェフが外国でフェアをするのだ。ぼくの知る限り、日本の料理人でそんなことをした人の話を聞いたことがなかった。だいたい日本人の作るフランス料理に興味を示すアメリカ人なんているのだろうか。同じ日本人にだって、あれはフランス料理ではないとか言われているのに。

けれど、バリー・ワインは熱心だった。

「私はあなたの料理をニューヨークの私のゲストに食べさせたい。そして、あなたの仕事を私のレストランの料理人に見せたい」

そこまで言われて断ることができなくなった。

一九八九年一月、ぼくは初めてアメリカの土を踏んだ。「ザ・キルテッド・ジラフ」はマディソン・アベニューのAT&Tビルディングの一階にあった。有名なレストランとは聞いていたけれど、単に有名なだけじゃなくて、当時のニューヨークで文字通り最も話題になっていたレストランだった。ポップアートのアンディー・ウォーホル、映画監督で俳優のウォーレン・ビーティ、世界的な投資家や資本家、モデル、武器商人が常連客に名を連ね、ニューヨークタイムズ紙の料理評論家は四つ星をつけていた。

ニューヨークに着いた翌朝、ぼくはブロンクスのフルトン市場を回った。この時期のニューヨークにどんな食材があるかは調査済みだったし、フェアに出すメニューは事前に「ザ・

キルテッド・ジラフ」の厨房に送っていたけれど、最終決断は地元の市場で食材を見てから下すことにしていた。その判断は正しかった。朝も暗いうちから市場を回り街の空気を吸いながら、届いたばかりのエビの味や肉の質を確かめながら、闘志とアイデアが湧き上がるのを感じた。この食材でどんな料理を作ってやろう。

「ザ・キルテッド・ジラフ」の席数は八十席、当時の「オテル・ドゥ・ミクニ」の倍以上だった。料理長をはじめ十数名の料理人が手足となって働いてくれることになっていた。ぼくは英語が話せないので、フランス語で指示を出し、それをフランス語のわかるスタッフが英語に訳す。最初はどうなることかと思ったが、料理という共通言語があるので、実際のコミュニケーションにはまったく問題がなかった。それよりも若い料理人たちが、食い入るようにぼくの仕事を見つめる姿に感動した。アメリカ人は日本人の作るフランス料理に興味を持つのかなんて心配は無意味だった。それはお客さんも同じだった。彼らが料理を判断する基準はただひとつ、人を感動させるほど美味しいか否かだけだった。ぼくの皿はその基準を満たしていたようだ。その証拠に、厨房に戻って来る皿はことごとくソースがパンで丁寧に拭き取られていた。

ミスター・ワインからフェアの会期を二週間にするように頼まれていた。東京の店のこともあるから長過ぎると思ったのだが、ニューヨークでやるからにはどうしてもそうして欲しいと言う。ニューヨークのお金持ちは口コミで動くのだそうだ。いくら事前にフェアの宣伝をしても最初は客が入らない。ところが美味しいという評判が広がると、一気に客が集まってくるのだそうだ。

その言葉通り、フェアも後半に入ると連日満席で、キャンセル待ちの長いリストができた。メディアはぼくの料理を、クリエイティブ・キュイジーヌと呼んだ。創造的な料理、他の誰にも真似できないぼくだけの料理だ。著名な料理評論家、高級レストランやホテルのオーナーなど、ニューヨーク中の超セレブが集まったんじゃないかというほどの盛況だった。カナダや西海岸から自家用ジェットを飛ばしてまで食べに来る富豪もいた。アメリカは、ぼくの料理を絶賛してくれたのだ。

世界中の高級ホテルでミクニ・フェスティバルが大成功。なにかがふっきれた。

ニューヨークは世界の情報の発信地だ。成功の噂は瞬時に世界に広がって、ぼくは世界各地のホテルでフェスティバルをすることになった。

香港の「ザ・ペニンシュラ」、バンコクの「ザ・オリエンタル・バンコク」、モナコの「オテル・ド・パリ」、シドニーの「ザ・リッツ・カールトン」、パリの「オテル・ド・クリヨン」、ロンドンの「ザ・バークレー」、シンガポールの「ラッフルズ・ホテル」、サンモリッツの「パラス」……。

世界に名を知られた超高級ホテルばかりだ。どこのホテルのミクニ・フェスティバルも大成功だった。すべてのホテルで、過去のフェアの来客数の記録を塗り替えた。

各地の市場を回り、その地域の食材からインスピレーションを得て新しい料理を考えるのは楽しかった。しかもぼくには日本という武器があった。

海外で仕事をするようになって、外国のお客さんが日本的な要素に好奇心を持っていることに気づいた。日本では日本らしさを表に出し過ぎないようにしていた。味噌や醬油を使うとはいえ、バランスに注意して隠し味的に使うことが多かった。日本でフランス料理店に来るお客さんは、日本の味を求めているわけではないのだ。

海外のゲストにはそういう配慮が要らない。彼らは日本料理に対する「偏見」を持たないから、ぼくは自由に冒険することができた。

パリの名門「オテル・ド・クリヨン」ではフォアグラもトリュフもキャビアも敢えて使わず、丁寧に取ったフォンやブイヨンなどフランス料理の基本と、醬油や味醂などの日本の味を融合させた、たとえばこういうメニューを用意した。

鴨の肝のポワレ醬油風味香草和え、冬野菜の軽い煮込み盆栽仕立て、三種の野鳥の焼き鳥仕立て、季節の温野菜日本庭園風……。

「オテル・ド・クリヨン」はルイ十五世の時代の宮殿だ。あの贅沢な空間に醬油の香りが漂ったのは、歴史上初めてのことに違いない。それも愉快だったが、それ以上に嬉しかったのは、フランスの人が日本風のフランス料理を喜んでくれたことだ。単なる異国趣味や東洋趣味ではない証拠に、その後フランスの少なからぬシェフたちが日本の出汁や醬油を自分の料理に取り入れるようになった。

バッキンガム宮殿が徒歩圏内のロンドンの「ザ・バークレー」は、女王も歩いて食事に来るという話だった。冗談だと思っていたら、フェアの最終日にほんとうにエリザベス女王陛下がいらしたので驚いた。歩いて来られたのかどうかはわからない。

このホテルのフェアで、ぼくは一皮剝けた。女王陛下がいらしたからではなく、何人かのゲストから、異口同音にこういう感想をもらったのだ。

「ミクニの日本料理はすごく美味しい」

いや日本料理じゃないですと言おうとして、ハッと気がついた。彼らにとって、日本人シェフが作った料理はなんであれ日本料理なのだ。ぼくは妙に感動した。こういう人たちもいるのだ。世界は広いなあと思った。なにかがふっきれた。ぼくはまだ心のどこかで日本人の自分がフランス料理を作る理由を探していたらしい。だけど、そんなことを考えても仕方がない。ぼくはぼくの料理を作るだけだ。それを何料理と呼ぶかは、お客さんに任せればいい。フレディ・ジラルデならたぶん、寿司を握ってもこれはフランス料理だと言い張るに違いないけれど。

「ミシュランがミクニの店に星をつけないとしたら、それはスキャンダルだ」

自分はなぜフランス料理を作るのか。フランス料理を志す日本人なら、誰もが一度はこの問題に突き当たる。一所懸命な人ほどそうなる。修業中は学ぶのに夢中だから矛盾を感じない。その段階が過ぎて自分の料理を作らなきゃいけなくなったとき、ぼくがそうだったように、自分がフランス人ではないことに気づくのだ。

大人になりかけの若者が、自分は何者なのかと悩むのと似ている。いうなれば料理人の思春期だ。この思春期をどう乗り越えるかは、料理人の人生を左右する。日本人であることに目を瞑り、身も心もフランス人になろうとする人もいる。反対にフランス料理を離れてしまう人もいる。

ぼくは後者に近い。ムッシュ・シャペルの厨房で、自分がフランス人にはなれないと気づいたとき、フランス料理をやめようと思った。それでもやめなかったのは、増毛と、十六歳の頃から身体に染み込ませてきたフランス料理の技術のおかげだ。増毛で育った自分の味覚を信じることができたから、日本人にしか作れないフランス料理を創るという目標ができた。揺るぎないフランス料理の技術があったから、その目標を追い続けることができた。

ぼくが幸運だったのは、外国で自分の力を試せたことだ。もしもずっと国内だけで料理を作っていたら、フランス料理かどうかなんて不毛な論争に疲れて、道を変えていたかもしれない。海外ではそんな批判は皆無だった。それどころか、日本の評論家たちが「こんなのフランス料理じゃない」と批判したぼくの挑戦を、彼らはクリエイティブだと評価した。

日本の社会には、周囲と違うことを嫌う傾向がある。ぼくもその価値観に染まっていたから、自分はフランス人にはなれないと諦めて日本に帰国した。ほんとうは、そんな必要はなかった。フランス料理を作る上で、日本人であることはむしろ重要な個性なのだ。外国のホテルでフェアをやりながらぼくはそのことを学んだ。

フランス料理は常に変化し続ける料理だ。たとえばぼくがスイスに渡った七〇年代のヨーロッパでは、ヌーベル・キュイジーヌが全盛期だった。ポール・ボキューズを筆頭にトロワグロ兄弟をはじめ、フェルナン・ポワンの門下生たちがエスコフィエ以来のフランス料理に新しい風を吹き込んでいた。この話は前にも書いたけれど、実は続きがある。ヌーベル・キュイジーヌの流行は十年ほどで廃れてしまうのだ。八〇年代に入ると、ジョエル・ロブションやアラン・デュカスによって、また新しいフランス料理のスタイルが生み出される。最先端のフランス料理はファッションのように年々変わっていく。新しい味覚や新しいアイデアはその変化の燃料だ。日本の浮世絵がフランス印象派の画家たちに大きな影響を与えたように、異文化が交わると新しいものが生まれる。彼らはもちろんそのことをよく知っていた。だから日本人的な感覚をフランス料理の中に持ち込んだぼくを、フランス人たちは評価したのだと思う。

どんなに巧みにフランス料理を作ろうと、そこになにか新しい価値が加わっていなければ彼らは認めない。腕のいい料理人として認めることはあっても、本物のシェフとは認めない。シェフは新しい価値の創造者であり芸術家でなければならないのだ。

やがてフェスティバルに招かれるだけでなく、フランス本国での大規模な食のイベントのシェフに指名される機会が増えた。アラン・デュカスが三十三歳にして史上最年少でミシュランの三つ星を獲得し世界の話題になった翌年の一九九〇年には、彼の本拠地であるモナコの「オテル・ド・パリ」でコラボレーションを依頼された。ちなみにデュカスはぼくの二歳年下だけど、二人の共通の師であるアラン・シャペルの厨房にいた時期は彼の方が早い。だから日本風に言えば、彼が「兄弟子」ということになる。懐かしい同僚であり家業を継いで本人の予言通り三つ星を獲得したミシェル・トロワグロとは、ぼくの古巣の札幌グランドホテル創業六十周年を記念したメモリアル・ガラ・ディナーで共にシェフを務めた。モスクワでは、分子ガストロノミーで名高いパリの三つ星シェフ、ピエール・ガニェールと食のイベントを開催し、ボルドーの銘醸地サン＝テミリオンで開催されたワイン・エキスポの大晩餐会では料理長を務め、高級ホテルとレストランの組合、ルレ・エ・シャトー協会からは世界五大陸トップ・シェフ五人の一人に選ばれ、フランス高級料理組合には日本人として初めて加盟した……。

キリがないのでこれくらいにするけれど、華々しいぼくの活躍をつらつら並べたのには理由がある。海外を舞台に料理を作るようになって三十数年、ぼくは無冠の帝王とされてきた。ぼくと仕事をするフランスのシェフたちのほとんどがミシュランの三つ星を持っていて、長年にわたって彼らと互角に仕事をしているからには、ミクニの実力は間違いなく三つ星レベルだ、ミクニが三つ星を得ていないのは、単に日本にミシュランが存在していないからに過ぎない。ずっとそう言われてきた。

二〇〇七年までは。

二〇〇七年にミシュランの東京版が発売されたとき、「オテル・ドゥ・ミクニ」の名はそこになかった。三つ星はおろか一つの星もついていなかったのだ。

この話をするのはちょっと気が重い。

大前提として、ミシュランがどの店を掲載し星をつけるかは、どこまでもミシュランの裁量だ。評価を受けるぼくらに発言権はない。評価は彼らの問題であって、ぼくにはなんの関係もない。

だから東京版ミシュランガイドに「オテル・ドゥ・ミクニ」の名がなかったとき、ぼくは単純に縁がなかったと思うことにした。彼らはぼくの店を選ばなかった。ただそれだけのことだ。選ばれなかったからといって、ぼくの料理の質が落ちるわけじゃない。評判は落ちるかもしれないけれど、それはまあ仕方がない。以前にも増して、良い食材を探し、いい料理を作るように努力するだけだ。

まったくの平常心でいられたわけじゃない。フランスの料理人にとって、ミシュランの三つ星は絶対的普遍の価値だ。もちろん評価するのは人であって神ではない。評価基準は時代によって変わる。まして本国フランス版と日本版では、編集方針がかなり違うと言われていた。けれどそれでも、ミシュランはミシュランなのだ。何十年も恋焦がれた人に振られても、たぶんあんな気分は味わわなかったと思う。

ただ、それはどこまでもぼく個人の感情だ。星をつけなかったのは彼らであって、ぼくたちの問題ではない。何十人もの従業員を率いる「オテル・ドゥ・ミクニ」の総料理長としては、この問題については沈黙を貫くつもりだった。

ところがフランス人たちがそうさせてくれなかった。彼らは自分の意見をはっきりと言う。友人関係であってもそうだ。空気を読んだり、周りの様子を見たりしない。

「ミシュランがミクニの店に星をつけないとしたら、それはスキャンダルだ」

来日していたアラン・デュカスは東京の自分の店に関する記者発表の席で、わざわざその問題を持ち出した。フランスでもミシェル・トロワグロを筆頭にぼくの友人たちが声を上げた。「ミクニに星をつけないなんてあり得ない」と。みんな三つ星を持っている影響力のあるシェフだから、当時のミシュランの編集長はたまりかねてブログかなにかで弁明したらしい。

いわく、ミクニは東京でいちばん有名なシェフだ。そして「オテル・ドゥ・ミクニ」は東京でいちばん客が入っている。ただ、ミクニはもう何年も新しいことに挑戦していない。だからミクニには星は必要ないんだ、と。

　弁明になっているかどうかは別として、書かれていることは間違いではない。ぼくがもう何年も新しいことをしていないというのは、ある面から見れば事実だ。

　店を始めた頃はジラルデのスタイルで、前衛的な料理を作っていたが、四十代を過ぎてから考え方が変わった。いちばんの理由は若手の育成だ。ジラルデのやり方でスタッフを引っ張っていく大変さはすでに書いた。その日の思いつきで毎日ソースの味が変わるような厨房では、若手が育たない。ぼくについてこられるのは、ものすごく根性があるか、あるいはセンスと勘が鋭い例外的なごく一握りの若者だけだった。それでムッシュ・ジラルデのスタイルを改めて、ムッシュ・シャペル流の料理作りに変えた。基本的な調理技術に忠実に、食材と対話をしながら料理を作るスタイルだ。ぼくの思いつきで、ソースの味や食材の組み合わせを突然変えたりはしない。若い料理人を育てるにはこの方法が有効だったし、それだけではなく、四十代のぼくの料理人としての生理にもそのやり方が合っていた。

　ムッシュ・シャペルの厨房で鍛えられたから、食材は大切にしてきたけれど、経験を積むにつれて、ますます料理における食材の重要性を意識するようになった。料理人としての自己主張よりも、食材を生かすことの方が大切だと思うようになった。朝の食材集めをなによりも大切にしたシャペルさんの気持ちがわかるようになった。

自然の恵みが豊かな日本は食材の宝庫だ。シャペルさんは地元農家や酪農家と深くつきあっていたけれど、ぼくは日本全国の熱心な生産者を相手にそれをもう三十年以上も続けている。その成果は『JAPONISÉE』という本にまとめた。

日本各地の生産者とのつきあいは、これから先ぼくが料理人である限り続けていくつもりだ。食材との出会いは一期一会だから、ぼくにとっては毎日が「新しいこと」なのだけれど、それを「目新しいものはなにもない」と受け取る人がいるのもわかる。

ぼくの友人の中には、『皿の上に、僕がある。』の料理を作れば、星は獲れると言う人もいる。だけどぼくはもうああいう料理を作りたくないし、なにより作ろうと思っても作れないだろう。誰も見たこともない新しい料理、挑戦的で刺激的な料理、そういう料理を作る時期は、ぼくの中ではもう過去なのだ。

友人たちがぼくのために怒ってくれるのは嬉しかったけれど、ぼくの中ではミシュランの問題はすでに片付いていたのだ。

ところがそれでは終わらなかった。フランス大使館が黙っていなかったのだ。

フランス大使館との関係の始まりは、確かバカラ社の二百何十周年かの記念式典だった。フランス大使館でパーティが開かれることになり、バカラ社の依頼でぼくがシェフをすることになったのだ。このときはビュッフェスタイルで、フルコースのディナーをお出しして好評を得た。フランス大使とのおつきあいが始まって、いつの頃からか日本に着任した新しいフランス大使は、「オテル・ドゥ・ミクニ」で食事をするのが慣例のようになった。

その歴代の大使の中でも、ぼくの料理に惚れ込んだ大使がいた。ぼくの店で晩餐会を開いて、東京中のフランス人のシェフを集め、「ミクニの料理を食べてみろ。これが我々の求めているフランス料理だ」と言ってのけるような人だった。フランス人のシェフたちはみんなぼくの友人だから、「それはひどいじゃないですか。我々の立場はどうなります」と反論していたけれど。その大使の任期中にミシュランの問題が起きたのだ。何度も言うけれど、フランス人は自分の主張に対して正直だ。お腹に収めたままにはしない。そして大使は、ぼくの店にミシュランの星がつかないのはあり得ないという意見だった。

そんなある日、ぼくはフランス大使館に呼び出された。会議室に通されたのだけれど、そこには大使の他に二人の人物がいた。来日していたフランスの農業食料大臣とミシュランのアジア地区の責任者だった。

なにが始まるのかわからないまま黙って座っていると、農業食料大臣がおもむろに口を開いた。

「われわれフランス政府としては、あなたがた民間企業のガイドブックの内容がどうだとか、星の数がどうしたとか、口を出す気は一切ありません。ただ、君たちもフランスの企業だ。フランスから日本へのワインやチーズや農産物の輸出を、君たちの本の評価が邪魔するようなことがもしもあったら、我々は黙ってはいませんよ」

口調は穏やかだが、政治家だけに迫力があった。ミシュランの責任者は真っ青になって聞いていた。ぼくはただただやめてほしかった。

この会見はぼくには青天の霹靂《へきれき》だった。フランス大使はぼくになんの予告もなしに会見をセッティングした。農業食料大臣を焚きつけたのもおそらく彼だ。ぼくのためにやってくれたのはわかるけれど、そんなことをしたってミシュランの決定が覆るわけがない。そんなことより、万一これでぼくの店に星がつくようなことがあったら、ぼくはもうなにをしても喜べなくなるだろう。

その心配はなかった。フランス革命の国だけに、民間企業の公的権力に対する反骨精神は強烈なのだ。案の定、会見が終わると、ミシュランの責任者は表情を改め、ぼくに握手を求めてきた。

「ムッシュミクニ、メルシィ」

あんなに冷たい握手は経験したことがない。そのメルシィはフランス人特有の最大級の否定、もしくは皮肉だった。彼はひどく怒っていた。おそらく、この会見はぼくが政治力を使って実現させたと思っているに違いない。

ぼくとミシュランとの関係は、この日で永遠に断たれたのだ。


「遅くなりました。ぼくもフランス料理を始めます」


さて、語るべきことはまだたくさん残っているような気もするが、そろそろ話を最初に戻そう。「オテル・ドゥ・ミクニ」を閉じる話だ。

こうして振り返ると、不思議なくらい恵まれた人生だった。幼い頃は貧乏な生まれを恨んだこともあったけど、結局のところ貧乏もぼくがここまで辿り着くには必要な試練だった。少なくとも他の子と同じように高校に入学していたら、ぼくの料理人としての人生は始まらなかった。その後に起きたすべてのこともそうだ。

八年後には返す約束で借りた最初の「オテル・ドゥ・ミクニ」の建物は、八年後にぼくのものになった。しかも隣に建っていたロシア正教会の建物も一緒に買い取ることができた。ソ連邦が崩壊し、正教会がロシア大使館の中に引っ越したのだ。個人宅と正教会の建物をつなげて改装して席数を八十席に増やし、現在の「オテル・ドゥ・ミクニ」の形が完成する。

店は順調な成長を遂げ、現在は本店の「オテル・ドゥ・ミクニ」の他に直営店とプロデュース店を含め全国に十三店舗が展開し、従業員の総勢は百六十五人におよぶ。身一つで増毛から出て来た少年の行く末としては、それ以上望むべくもない成功を収めた。なにもかもが望み通りになったといってもいいかもしれない。

ミシュランの星という、たったひとつの例外を別にすれば。

だけど、それもよく考えてみれば、ぼくには必要なことだったのかもしれない。

フランスの友人たちは、ミシュランに憤っただけで終わりにせず、それに代わる名誉をぼくに贈るために運動してくれた。二〇一三年十一月、ぼくはフランス料理がユネスコの世界文化遺産に登録されたのを機に創設された「ガストロノミー（美食学）」の名誉博士号を、トゥールのフランソワ・ラブレー大学（現トゥール大学）から贈られる。そして二〇一五年九月には、ナポレオン・ボナパルトが創始したフランス共和国の最高勲章レジオン・ドヌール勲章を受章する。ポール・ボキューズ、ジョエル・ロブション、そしてアラン・デュカス、現代フランス料理界の最高のシェフたちが、この勲章を受けるに相応《ふさわ》しい人物として、ぼくを推薦してくれたのだ。日本の料理人でこの勲章を受けたのはぼくが初めてだった。

料理人として想像もつかないほどの名誉を与えられたのは、ある意味でいえば、ミシュランが星をつけなかったからともいえる。

……負け惜しみを言うのはよそう。それでも、ミシュランの星を得られなかった傷が癒えるわけではない。ミシュランを否定することは、ぼくの存在を否定するのと同じことだ。二十歳でヨーロッパに渡ったときからずっと、その星を目指して生きてきたのだ。この気持ちは、料理人でなければわからないかもしれない。

けれど、だからこそ、今改めて思うのだが、願い続けた星を獲れなかったことは、ぼくの人生に大きな意味を持っている。

「オテル・ドゥ・ミクニ」を閉店する決断も、そこから生まれたようなものだ。

ぼくはもう一度、料理に挑もうと思っている。

三十七年の歴史を経て、「オテル・ドゥ・ミクニ」はグランメゾンとして完成の域にある。料理やスタッフの熟練度から、裏庭に生える草木の状態まで。そしてレストランになにより大切なゲストも。ミシュランが星をつけなくてもゲストの数が減ることはなかった。料理人として、それ以上に嬉しいことはない。大勢のお客さんが支持してくれたから、「オテル・ドゥ・ミクニ」の今はある。

多くのお客様方の思い出の詰まったグランメゾンを閉じるのは、料理人としてもうひと仕事するためだ。完成したものは、壊さなければ次の展開がない。あと何年、料理人ができるかわからないけれど、今のまま「オテル・ドゥ・ミクニ」を続けたら、五年や十年は、瞬く間に過ぎてしまうだろう。

もう一度、自分の身一つで料理と向き合いたい。

店の名前はすでに決めている。「三國」だ。席はカウンターのみで八席。下働きの若い子を一人くらいは入れるかもしれないが、料理はぼくが一人で作る。お客さんと差し向かいで、自分のために料理を作りたい。

メニューは決めない。その日の食材を、お客さんと相談しながら料理する。食材はもちろんすべてぼくが目利きをする。そのために豊洲の近くに家を借りる。

なにからなにまで、ぼくがやる。ずっとそういう料理を夢見ていたのだ。

名前は明かせないけど、ぼくには一人憧れのシェフがいる。ぼくより少しだけ年上で、ぼくより少し前にフランスから帰り、一軒の素晴らしいレストランを作り、そこの一軒の店でずっと料理と向き合ってきた。

ぼくは彼の料理も、彼の生き方も深く尊敬している。

彼の料理は、文字通り世界一だと思っている。

同時に、彼に負い目を感じている。

世界を駆け巡り、店を増やし、若手を育て、新しい仕事に取り組みながら、ここまで突っ走ってきた。その人生も悪くはなかった。ただ唯一の心残りが、その人のように無心で料理に取り組んでこられなかったことだ。

料理はぼくの人生を切り開いてくれた。だけど、それだけじゃなく、料理は深く追求する価値のある仕事だ。三年後にぼくは七十歳になる。そのときに、ぼくの新しい店「三國」を開店させる。今度こそ、ぼくはぼくのために料理をする。

ぼくが憧れるその人の店を訪ねて、こう挨拶しようと思う。

「遅くなりました。ぼくもフランス料理を始めます」

Alain Ducasse Entreprise
Kiyomi Mikuni Légion d'honneur
Le 18 septembre 2015

Monsieur l'Ambassadeur,
Mesdames, messieurs,

Nous, cuisiniers français, devons beaucoup à Kiyomi Mikuni – et la cérémonie de remise des insignes de la Légion d'honneur qui nous réunit aujourd'hui me donne l'occasion de le dire avec force.

Je ne reviendrai pas sur son parcours. Il y a eu le temps de la formation à la cuisine française. Elle s'est déroulée aux côtés des plus grands : Frédy Girardet d'abord puis Pierre et Jean Troisgros, Paul Haeberlin et Alain Chapel. Il y a eu ensuite le temps de la création : tout ce que Kiyomi Mikuni a appris, il a su l'intégrer, le faire sien pour créer sa propre version de la cuisine française. Et il y a eu le temps de la contribution : Kiyomi Mikuni est certainement l'ambassadeur le plus actif et le plus efficace de la cuisine française ici au Japon.

Nous lui devons donc beaucoup. D'abord pour cette activité de promotion de la cuisine, des vins et, plus largement, de l'art de vivre français. Je veux rappeler par exemple que Kiyomi Mikuni a été d'une aide précieuse, l'automne dernier, pour m'aider à organiser l'événement « Good / Goût de France » au Japon.

Mais je crois que nous lui devons encore plus. Kiyomi Mikuni nous révèle à nous-mêmes. Voici un très grand professionnel du Japon – pays dont la tradition culinaire est d'une richesse immense – et qui, pourtant, a choisi de s'inscrire dans la filiation de la cuisine française. En faisant ce choix, Kiyomi Mikuni nous envoie un message. Il nous dit que la cuisine française a une place éminente dans le concert des cuisines d'aujourd'hui. Il nous dit que la cuisine française est capable d'accueillir les talents. Il nous dit que notre avenir réside dans cette ouverture sur le monde.

Cher Kiyomi, je te remercie pour cette leçon de cuisine humaniste et optimiste. Et je te félicite très chaleureusement pour ta distinction dans l'ordre de la Légion d'honneur.

しかし実は、三國清三君に感謝しなければならない理由はもう一つあります。それは、私たちフランス料理人に自らのあり方を知らしめてくれたことです。三國君は、とてつもなく豊かな料理の伝統を持つ日本という国の出身でありながら、フランス料理の道に身を投じることを選んだ偉大なプロフェッショナルです。彼はそういう選択をしたことによって、私たちに一つのメッセージを届けてくれました。すなわち、フランス料理は現代の料理界で卓越した地位を占めていて、才能ある逸材を受け入れる懐の深さを持っており、さらには、このように世界に対して開かれたスタンスを取ることで、私たちフランス料理人の未来も築かれるのだというメッセージです。

親愛なる清三君、かくのごとく人間を尊重する前向きな料理哲学を僕に教えてくれたことに深謝します。そして、このたびのレジオン・ドヌール勲章のご受章を心よりお祝い申し上げる次第です。

アラン・デュカス

2015年にフランスの最高勲章であるレジオン・ドヌール勲章を受章した際、アラン・デュカスがぼくを推薦してくれた。

おわりに

中学三年生のとき、ウイルス性の肝炎に罹ったことがある。原因はたぶん、おやつがわりに食べていた海産物だ。三ヶ月も入院した。かなりの重症だったのだろう。

あの入院で、ぼくの性格が変わったと姉は言う。

病気をする前は、とんでもない暴れん坊で、将来は絶対まともな人間にはなれないと思っていたらしい。昆布を実家の前の浜に干していたのだが、その昆布の上を走り回って粉々にしてしまうのが、子どもの頃のぼくだった。

家計を支える大切な昆布に、なぜそんな乱暴狼藉《らんぼうろうぜき》を働いたのか。乾燥した昆布を踏むとパリパリと小気味のいい音がする。それが面白かったのだろうか。とにかく悪戯《いたずら》ばかりしているので、家族みんながぼくの将来を危ぶんでいたらしい。

ところがあの入院を境にぼくはすっかり真面目になり、料理人になるという人生の目標と出会う。肝臓にいいというしじみ汁を毎日作って病院に持ってきてくれた母親や兄姉、見舞いに来てくれたたくさんの同級生のおかげだ。

彼らがいなかったら、たぶん今のぼくはない。

ぼくの人生には、いつもそうやってぼくを助けたり、鼓舞してくれる人がいた。ほんとうに不思議なくらい。

運命論者ではないけれど、でもどこかに料理の神様がいて、ぼくの背中を押してくれているんじゃないかと思うことがよくある。

七十歳になったら、自分のために料理を作るという今回の計画にしても、ほんとうは生まれ変わったら来世で果たそうと思っていた夢だった。それがいろんなことが奇跡的に上手くいって、この人生で実現できることになった。

ぼくは自分を三流シェフだと思っている。

謙遜で言うわけじゃない。フレディ・ジラルデとアラン・シャペルという本物の天才と出会ってしまったぼくには、それがはっきりとわかる。料理人としての経験を積めば積むほど、彼らの才能に圧倒されるばかりだ。

自分が彼らのようになれるとは思わない。けれど、彼らのように料理に向き合いたいと思うのだ。他のことはなにも考えず、ただ食材と向き合って料理を作りたい。七十歳からの十年間は、それだけをやってみたい。

誰のためでもなく、自分のために料理を作りたい。

どういう運命の悪戯か、フランス料理の寵児とマスコミに持て囃されて、ここまでがむしゃらに突っ走ってきた。なにもかもが上手くいったわけではないけれど、三流料理人としてこれ以上はない成功を収めた。

二〇二〇年にスタートし毎日配信しているYouTubeチャンネルの登録者数は、もうすぐ四十万人。皆さまに楽しんでいただけているようだ。

偉大な先人、秋山徳蔵さんは天皇の料理番になった。

ぼくは大衆の料理番になった。

そして最後に思うのは、やはり料理は面白いということなのだ。

この道にぼくを引き入れてくれた青木靖男さん、ぼくをレジオン・ドヌール勲章に推薦してくれたアラン・デュカスさん、そして「ビストロ・サカナザ」時代からぼくのことを見続けてくれて、この本を書かせてくれた幻冬舎の見城徹さんに深く感謝します。

そして皆さん。最後まで読んでくださって、ありがとうございました。
いつかカウンターをはさんで、お会いできることを楽しみにしています。

Bon appétit !

二〇二二年十一月吉日

三國清三

参考文献

『兄弟』なかにし礼／新潮文庫

『帝国ホテル 厨房物語』村上信夫／日本経済新聞出版社

『エスコフィエ　フランス料理』角田 明（訳）／柴田書店

『LA CUISINE SPONTANÉE　素直な料理』
フレディ・ジラルデ（著）、三國清三（訳）／柴田書店

『LA CUISINE c'est beaucoup plus que des recettes　料理 ルセットを超えるもの』
アラン・シャペル（著）、音羽和紀（訳）／柴田書店

解説

秋元　康

『三流シェフ』とは、いいタイトルをつけたものだ。幻冬舎の見城徹社長自ら、決めたに違いない。さすが、数々のベストセラーを世に送り出した稀代の名編集者である。

もちろん、〝世界のミクニ〟が、三流であるわけがない。これは、おそらく、ここまで上り詰めた三國清三氏自身が、「自分なんか、まだまだ、三流シェフだ」と、志の途中であるという思いを込めたタイトルなのだと思う。三十七年間も続いた四谷の「オテル・ドゥ・ミクニ」を閉じ、七十歳で新たな挑戦をするこの男の人生は、この本の中にドラマティックに描かれている。未来は、〝待つ〟ものではなく、〝切り拓く〟ものなのだ。いや、三國シェフ的に言えば、〝抉《こ》じ開ける〟ものなのだろう。

三國シェフは、北海道の日本海側にある増毛町で生まれた。小学生の頃から漁師だった父親の手伝いをして、獲れたアワビやらウニやらを市場で競りに掛けていたのだが、ある時、売れなかったモノを、帰り道の途中にある日本料理店に直接、売りに行ってごらんとアドバイスされ、そこで裏口の扉を開けた時、厨房で働く料理人の姿が颯爽としていてカッコイイと思ったという。畑でトマトをもいで食べ、海に出ては、タコ、イカ、ボタンエビ、シマエビ、甘エビ、ニシン、サケ、アイナメ、カレイ、ヒラメ、ソイ……今まで生きていたものをその場で口にできた幸せは、子供だった彼にはわからなかっただろう。しかし、今、振り返れば、その時の経験が、三國シェフの繊細な舌を肥やしたのだろう。

それから、彼は、札幌市の米穀店に住み込みで働きながら、鶴岡学園調理専修夜間部に通うことになるのだ。そして、米穀店のお嬢さんが作ってくれた〝ハンバーグ〟に感動する。肉と言えば、羊の肉をタレで漬け込んだジンギスカンだった。肉を細かく刻んだミンチも、ドミグラスソースも知らなかった彼は、思わず、「こんな旨《う》めえもん、生まれてから一度も食ったことない」と声を上げたものだから、お嬢さんは照れ隠しに言ったそうだ。「これは家庭のハンバーグ。グランドホテルのハンバーグを食べたら、キヨミちゃん、腰を抜かすよ」と。

札幌グランドホテル。三國青年の腹は決まった。

「グランドホテルのコックになって、日本一のハンバーグを作る」と。

鼻を膨らませて、宣言する彼に、お嬢さんが気の毒そうに言った。「でもねえキヨミちゃん、グランドホテルは中卒じゃ雇ってくれないと思うよ」

その頃の気持ちをこう語っている。「米穀店のすぐ近くに、北海道札幌南高等学校があった。道内一の進学校だ。汗を拭いながら、高校生がテニスをするのを眺める。男女のテニス部員たちの掛け声や楽しそうな笑い声がグラウンドに響いている。それが嫌でも耳に入る。いや、それを聞きたいばかりに、自転車を停めたのだ。そうしていると、自分も高校生の輪の中にいるようだった。胸のあたりがチクチクした。ほんとうなら自分も高校一年生だ。高校に行っていたら、あんな毎日を過ごしていたのだろうか。自分があの中の一人だったら、どんな未来があっただろう——」

しかし、グランドホテルのコックになろうと心に決めたら、「南高の生徒たちを遠くから眺めるときの、なんとも言えない寂しさが消えた。あの高校生たちの前にある輝くような未来は、自分の前にも開けていると知った。さっきまで名前も知らなかった札幌グランドホテルは、今や人生の目標になった。グランドホテルじゃなきゃ駄目なのだ」。

人生は、こんな些細な出来事で決まる。〝世界のミクニ〟も、初めて食べたハンバーグの旨さに惹き寄せられ、その一歩目を踏み出すのだ。

問題は、「グランドホテルの就職試験を受けるには高卒以上の資格が必要」ということである。

「人生にはどうにもならないことがある。どうにもならないとわかったら、さっさと別の道を探した方がいい」

それは海で身につけた生きる知恵だと言う。「現実は容赦ない。どんなに船を出したくても、海が荒れたら諦めるしかない。その判断ができなければ、命を落とすだけだ」

それでも、三國青年は諦めなかった。「不可能なことはわかっていた。だけど、どこかに抜け道はあるはずだ。自分は絶対にグランドホテルで働ける。なんとかなる」

彼は自分の勘を信じたと言っているが、僕は、漁師である普段は無口な彼の父親が言った「大波が来たら逃げるな。船の真正面からぶつかってけ」という言葉を思い出していたのではないかと思う。

グランドホテルで働けるかどうかは、三國青年にとっての大波だったのである。

運命とは、奇なるものだ。鶴岡学園調理専修夜間部の卒業記念行事で、テーブルマナーの実地研修を受ける会場が、なんと札幌グランドホテルだった。十六歳の三國青年の心の中に、ある計画が浮かんだ。研修の最後に、ホテルの人が、生徒たちをゾロゾロと、和食、中華、洋食の厨房を案内してくれる間に、彼は列の最後尾についた。目的はハンバーグを作っているであろう、洋食の厨房だ。説明が終わり、他のみんなが厨房を出る時、三國青年は、隙を見てすっとステンレスの調理台の陰にしゃがんだ。権限のあるいちばん偉い人に、「中卒の自分を雇って欲しい」と直談判しようとしたのだ。どの人がいちばん偉いか見極めなくてはいけなかった。

「奥の冷蔵室の側に小さな机があって、そこに一人だけ背広姿の人が、背中をこちらに向けて座っていた。肩幅の広い人だった。注意して見ていると、冷蔵室になにかを取りに行く他のコックが、すぐ前を通った方が近道なのに、その人を避けるように後ろを回っていた」

そんな緊迫した状況の中で、十六歳の彼は、誰に話すべきか見当をつけたのである。そして、大きな声で「ここで働かせてください」と頭を下げた。

その人の名前は、青木靖男、当時、三十二歳で、肩書きは、西洋料理部課長代理。父親の青木小太郎氏は〝天皇の料理番〟といわれた秋山徳蔵氏の直弟子で、札幌グランドホテルの初代総料理長だった人だ。三國シェフの直感の鋭さは、こんなところから始まっているような気がする。僕は、料理に関して門外漢だが、おそらく、一流のシェフになるには、理屈ではない〝直感〟のようなものが必要だろう。

「増毛は留萌線の終着駅です。後ろにはなんにもない。ぼくも同じです。自分ひとりで前に進むしかないんです」

こうして、札幌グランドホテルには入社できなかったが、社員食堂の調理場に職を得た三國青年は、飯炊きとして必死に働き、余った時間で、地下の洗い場に行き、宴会で溜まった何十人、何百人分の汚れた食器や鍋や、人が入れるくらいの大きな寸胴やらを、先輩たちが降りて来る夜の十時頃までには一人で全部、洗い終えたという。いい子ぶろうとか、先輩に可愛がってもらおうとか、そういう気持ちは一切なかったそうだ。三國青年にとっては、単に〝暇つぶし〟だったのである。そして、彼は、「キヨミ、ラーメン食いに行こう」と先輩たちに可愛がられることになるのだ。計算ではない、素朴な三國青年の、まさに、直球の生き方が功を奏したわけである。

「三國、お前明日から社員だ」

青木さんが、当時の総料理長であり、全日本司厨士協会北海道本部の会長でもあった斉藤慶一氏に話をつけてくれた。

「会長、あの目見てください。あんな輝いてる目なんていませんよ」

「よし。この溜まってる履歴書を飛ばして入れてやる。そのかわり、お前責任持って行動見とけよ」

そんな会話が交わされた後、斉藤総料理長が人事部と話をつけ、まだ、十八歳にもなっていない三國青年を特例で準社員待遇で入社させてくれたのだ。

まさに、人生の大波を真正面からぶつかって乗り越えたのである。配属されたのは「原生林」、グランドホテルのメインダイニングだった。

メインダイニングの厨房に潜り込めたとはいえ、下っ端は朝から息つく暇なくこき使われる。山のようなじゃがいもの皮を剝き、玉ねぎの皮を剝き、野菜を洗い、食材を運び、汚れた鍋やフライパンを運び、調理台を磨き、床を掃除する……。

時間がないから、真夜中の調理場で、冷蔵室の卵やじゃがいもやにんじんを拝借して、オムレツ作りの練習をしてから、仮眠室で寝て、翌朝は厨房に一番乗りで下働きの仕事に精を出す。そして、メインダイニング「原生林」の花形、ワゴンサービスを任せられるようになるわけだが、留萌線の増毛からやって来た彼の終着駅は、もちろん、札幌ではないことに気づかされる。

——東京の帝国ホテルに〝料理の神様〟はいた。総料理長・村上信夫氏だ。

驚いたことに、青木さんが斉藤総料理長にお願いして、村上氏への紹介状を書いてもらったのだ。なんと、恵まれた男だろう。

三國青年は、青雲の志を抱いて、青函連絡船で津軽海峡を渡る。十八歳の春だった。

時は、オイルショック、帝国ホテルでも依願退職を募っていた時代である。三國青年がすんなりと入社できるわけもなく、「洗い場のパートタイムになら空きがある。しばらくそこで頑張ってみる気はありますか」と、〝料理の神様〟村上信夫氏に聞かれる。札幌グランドホテルのメインダイニング「原生林」でワゴンサービスまで任せられていた三國青年の天狗になっていた鼻は、あっと言う間にへし折られた。

それは、まさに、「どうだ？　この辺で、夢とやらを諦めた方が楽になるんじゃないか？」と言っている悪魔の囁きのようだ。

もちろん、彼は、井の中の蛙でいようとは思わない。「なにくそ」と決意を新たにするのだ。

配属されたのは、帝国ホテルの中二階にあった「グリル」の洗い場だった。「パートタイムしか空きがないと言われたときは意気消沈もしたけれど、要するに振り出しに戻っただけのことだ。大切なのは目の前の仕事を、誰よりもしっかりこなすこと。鍋でも皿でも、誰よりも手早く、誰よりも綺麗に洗う。洗って、洗って、洗うものがなくなったら、厨房を見回して、誰か忙しそうにしている人を手伝う」三國青年は、今、自分にできることを黙々とこなした。しかし、帝国ホテルの厨房は、想像以上に厳格な職場だった。洗い場のパートには、野菜ひとつ切らせてもらえなかった。来る日も来る日も、鍋を洗うしかなかったのである。

そんな三國青年は、〝料理の神様〟村上信夫氏に自分の存在を忘れられないように、涙ぐましい努力をする。偶然、トイレで出会うタイミングを見計らったり、ＮＨＫ教育テレビの「きょうの料理」の人気講師であった村上氏の番組収録の手伝いを自主的にするようになる。公私を厳格に分けていた村上氏は、帝国ホテルの正社員ではなく、洗い場のパートだから手伝いを許してくれたのかもしれない。しかし、そのことで、先輩たちからは大いに怒られる。反骨精神旺盛な三國青年は、突然、口髭を生やし始める。帝国ホテルには、ムッシュ村上以外、口髭を生やしている人間はいない。余計、先輩たちと軋轢が生まれたが、村上氏が「髭をのばしましたね。似合ってますよ」と言ったことで、それが許されてしまう。

しかし、帝国ホテルの正社員への道は途絶える。パートからの正採用の制度がなくなってしまうからだ。

社員になれないから、二十歳を過ぎても洗い物をするしかなかった。

三國青年にとって、人生で初めての挫折だった。

「増毛に帰って、親父のように漁師をやろう」と思った。

八月に二十歳になって、その年いっぱい洗い場で働いて辞めることにした三國青年は、なんでもいいから、帝国ホテルの洗い場で働いた爪痕を残そうと思う。そして、帝国ホテルにあった十八のレストラン全ての洗い物をすることを申し出る。三國青年らしい幕引きの仕方だ。

そして、村上総料理長に呼び出される。いよいよ、引導を渡される日がやって来た。

〝料理の神様〟村上信夫総料理長は、普段通りの穏やかな声で言った。

「三國君、ジュネーブに行きなさい。君を大使の料理人に推薦しました」

韓国ドラマを観ているような展開だ。話を聞いているこちらが、ワクワクしてくる。

〝料理の神様〟村上信夫総料理長は、なぜ、五百二十人もいた帝国ホテルの料理人の中から、弱冠二十歳の三國青年を選んだのか？

「鍋洗い一つとっても要領とセンスが良かった」「ちょっとした雑用でも、シェフの仕事の段取りを見極め、いいタイミングでサポートする」「彼は素材に合わせて、じつに巧みに塩をふっていた」

そんな素振りは少しも見せなかったが、〝料理の神様〟は、ずっと、三國青年を見てくれていたのだ。

そこには、〝料理の神様〟村上信夫氏が、両親を亡くした翌年、尋常小学校の六年生の時に、浅草の「ブラジルコーヒー」を最初の修行先として、料理の世界に入り、やがて、帝国ホテルを知って願書を出すが、一向に返事がないので、庶務課に毎月押しかけていた自らの境遇を重ねていたに違いない。帝国ホテルに入ったのも、同じ十八歳、若い村上氏も調理場に立たせてもらえず、長い間、鍋磨きをした。そして、村上氏はヨーロッパに渡り、ベルギーの日本大使公邸で料理長になったのだという。

スイスのジュネーブに渡り、小木曽大使の専属料理人になった三國青年の前にいきなり、難題が待ち構えていた。

「アメリカの大使を招いて正式な晩餐会があります。人数は十二名です」

大使が言った。

「いつでしょうか」

「一週間後です」大使はさらりと告げた。

本格的なフランス料理を作るのも、フルコースの料理を作るのも、十二人分の料理を一度に作るのも、なにもかも初めてだ。

三國青年は、すぐに、アメリカの大使が普段行っている料理店を探すことにした。「オーベルジュ・ドゥ・リオン・ドール」。フランス料理の名店だった。すぐに、公邸の通訳を通して、「リオン・ドール」での研修を頼み込んだ。日本の大使の料理人と名乗ったら、驚くほど協力的だったという。外交関係者は店の上客なのだ。

そして、三國青年は、毎日通って、前菜からデザートまで料理を完全にコピーした。晩餐会当日のメインディッシュは、マスタードソースを添えたウサギ料理。「リオン・ドール」の料理長が内緒で教えてくれた、アメリカ大使の大好物だった。

もちろん、小木曽大使は、日本料理も食べたいと仰《おっしゃ》るから、ジュネーブの日本料理の名店「山川」に駆け込み、出汁《だし》の取り方からかつら剝きまでレクチャーを受ける。こうやって、〝今、自分にできることは何か？〟を徹底的に考え、実行に移す。これこそが三國青年が一歩ずつ上り詰めて来た成功への道筋だろう。

小木曽大使がニューヨークの国連本部での会議に出席するため、三國青年は八月の一ヶ月間、休暇をもらえることになった。どこかの厨房で働かせてもらおうと考え始めた頃、ローザンヌ郊外のクリシエという小さな村のレストランの噂を聞く。開業して数年のまだ新しい店だが、近頃はジュネーブの食通の間で話題になっているらしい。シェフの名はフレディ・ジラルデ。三國青年は、この人だと思った。この人の厨房を見たいと。

ジュネーブからローザンヌまで汽車で約一時間、そこからさらにタクシーで二十分ほどの場所にクリシエ村はある。

フレディ・ジラルデに会いたいと面会を求めるが、けんもほろろに追い払われる。しかし、例によって、三國青年はそんなことではへこたれないのである。レストランの前でうろうろしている三國青年は、ムッシュ・ジラルデに胸ぐらを摑《つか》まれながら、奥の厨房に引っ張りこまれ、その場に放り出される。何もせずに突っ立っているしかない。決まりが悪いので、周りを見回したら、洗い場に汚れた鍋が重なっていた。

これだ！

三國青年は、また、誰に頼まれるでもなく、黙々と鍋を洗い始めた。〝世界のミクニ〟は回顧する。

「鍋洗いが許されたのは、誰もやりたがらない仕事だからだ」

厨房に入れてもらえない時は、この手に限る。

「もしもなにかやりたいことがあって、どうしてもそれができなかったら、その世界の鍋を探してみることだ。なんの保証もできないけど、もしかしたらなにかのとっかかりは摑めるかもしれない」〝世界のミクニ〟の金言である。

　三國青年が惚れ込んだフレディ・ジラルデという料理人は、「モザー」、すなわち、「モーツァルト」と呼ばれた天才である。ジラルデは、料理の試作を一度もしない。料理に名前もなかった。その朝に届いたばかりの食材で、「スポンタネ」、つまり、「即興」で料理を作り始めるという。休暇後も、公邸の料理人を務めながら、毎週、休日には、クリシエ村のジラルデのもとで、雑用をこなす。誰もが伝統的なフランス料理の正解を求める中、三國青年は、世界で初めて見る〝一皿〟の素晴らしさに魅了されたのだろう。〝世界のミクニ〟のオリジナリティ溢れる料理の数々は、ここから始まったのではないか。


　大使公邸での料理人としての仕事は、結局、小木曽大使がジュネーブでの任期を終えて帰国するまで、三年八ヶ月にわたった。帝国ホテルの村上信夫総料理長に推薦され、大使公邸の料理人となった三國青年だったが、帰国して、すぐに考えたのは、「ホテルオークラの厨房で働きたい」ということだった。ホテルオークラの小野正吉総料理長は、帝国ホテルの村上信夫総料理長と双璧をなす、〝日本のフランス料理の父〟と呼ばれた人だ。

「帝国ホテルとホテルオークラの両方の厨房で働いた料理人は、たぶんいない」

　三國青年らしいアプローチだ。

結局、ホテルオークラからは色よい返事がもらえず、三國青年は、また、ヨーロッパに戻り、ジラルデの厨房でフルタイムで働くことになる。スイスの一地方の料理人だったジラルデが世界的な料理人になっていく過程を見ていたのは、彼の将来の方向性を決定づけるものになっただろう。

スイスの労働ビザの期限が来た時、三國青年は延長を選択せずに、フランスに出国する。

「修行はもう終わりだ。これからは一人の料理人として、料理の腕で世間を渡る」

二十六歳の彼は、そう心に誓った。

最初に働いた三つ星レストランは、ロアンヌの「トロワグロ」。

それから、ポール・エーベルランの「オーベルジュ・ドゥ・リル」、ルイ・ウーティエの「ロアジス」、ロジェ・ヴェルジェの「ル・ムーラン・ド・ムージャン」、ジャン・ドラベーヌの「カメリア」……。三國青年は、渡り鳥のように、フランス諸地方の厨房を巡る。それは、剣の達人を目指すものが、道場破りをして、腕を磨くようなものだ。

リヨン郊外のミヨネーという小さな村に「アラン・シャペル」はあった。ジラルデがモーツァルトだとすれば、料理人アラン・シャペルを人は、「厨房のダ・ヴィンチ」と称えたそうだ。騎馬像を作るために、レオナルド・ダ・ヴィンチは馬を何頭も解剖し、川の流れを描くために、水の渦巻きを何十時間も見つめて精緻なスケッチを残したという。人類史に残るダ・ヴィンチの芸術は、すべて自然の観察から生まれた。アラン・シャペルの料理もまた、自然との対話から生まれるものらしい。

ある時、三國青年が料理を作っていると、ムッシュ・シャペルが近づいて来て、一言、こう言ったという。「セ・パ・ラフィネ」。直訳すれば、〝洗練されていない〟ということらしい。その時に、三國青年が作っていた「エクルヴィスのムース」は、そのまま客席に運ばれていったから、「アラン・シャペル」の料理としては文句がないということだろう。

それなのに、なぜ、「セ・パ・ラフィネ」なのか？

天狗になっていた三國青年は、また、その鼻を折られることになる。

そして、気づく。

「あのエクルヴィスのムースは、ぼくの心で作った料理ではなかった。知識と技術だけで作った料理だ。いうなれば、天才の料理を上手に真似た優等生の料理だ。うわべはよくできていても魂が抜けていた」

日本に帰ろう。

もうフランス人のようにフランス料理を作るのはやめる。日本人として、フランス料理を作ろうと決心するのである。

そして、一九八二年十二月、八年間の料理修行を終えた三國青年は、フランスから帰国した。二十八歳になっていた。その四ヶ月後、一九八三年三月、三國青年は、市ヶ谷の一口坂に雇われシェフとして「ビストロ・サカナザ」をオープンさせる。

三國青年にとって、〝自分の料理を作る〟、それが、その時点での「セ・パ・ラフィネ」の答えだ。

「ビストロ・サカナザ」は大層、賑わうが、オーナーと衝突して、一年八ヶ月の短い歴史を閉じることになる。

一九八五年三月、迎賓館赤坂離宮にほど近い高級住宅地、新宿区若葉一丁目に「オテル・ドゥ・ミクニ」はオープンする。

そこからの活躍は、読者のみなさんもご存じだろう。開業の翌年に出版した『皿の上に、僕がある。』という〝世界のミクニ〟の百二十皿を紹介した本が話題となり、一躍、時代の寵児となった。

『皿の上に、僕がある。』は、料理人三國清三が世界に叩きつけた挑戦状だった。

ニューヨークの有名なレストランオーナー、バリー・ワインの店「ザ・キルテッド・ジラフ」にゲスト・シェフと招かれて以来、香港の「ザ・ペニンシュラ」、バンコクの「ザ・オリエンタル・バンコク」、モナコの「オテル・ド・パリ」、シドニーの「ザ・リッツ・カールトン」、パリの「オテル・ド・クリヨン」、ロンドンの「ザ・バークレー」、シンガポールの「ラッフルズ・ホテル」、サンモリッツの「パラス」……。世界の名だたる超高級ホテルのミクニ・フェスティバルは、どこも大盛況で、過去のフェアの来客数の記録を塗り替えた。

二〇二二年十二月二十八日の昼の営業をもって、四谷の「オテル・ドゥ・ミクニ」は、三十七年の歴史に幕を閉じると聞いた。

僕は、すぐに、自ら予約を入れ、閉店の前夜、妻と娘と三國シェフの料理を楽しんだ。思い返せば、僕が「オテル・ドゥ・ミクニ」を初めて訪れたのは、一九八六年だったと思う。ただただ、美味しいフレンチレストランがあると聞いて行っただけだ。「ビストロ・サカナザ」の常連でもなかったし、ましてや、札幌グランドホテル、帝国ホテル、ジュネーブの日本大使公邸、フレディ・ジラルデ、アラン・シャペル……修行時代の三國シェフのことも何も知らなかった。だから、この『三流シェフ』という本を、戦国武将が主人公の歴史小説のように、ワクワクしながら読んだ。

「四百字詰めの原稿用紙、五、六枚で文庫用の解説を書いて欲しい」と依頼され、もちろん、喜んでお引き受けした。しかし、改めて読み返して、また、ワクワクが止まらなくなった。どこのページにも引用したくなる文章があるし、結局、こんなに長いものになってしまった。

解説でも何でもない。三國清三の生き方、考え方に感動したファンレターだ。

二〇二五年には、三國シェフが目の前で腕を振るう八席のカウンターだけの「三國」というレストランをオープンさせるという。それが日本人が鍋磨きから始めて体得したフランス料理なのか、フランスで修行した日本料理なのか、そんなことはどうでもいい。北海道の留萌線の終着駅・増毛から出て来た十六歳の青年が、何千個、何万個の鍋を洗って、ムッシュ・シャペルが言った「セ・パ・ラフィネ」の意味を何度も自問自答し、「自分はフランス人ではない」ことに気づくまでの境地に至り、七十歳、古希を迎えて、また、新たに始めるレストラン「三國」の料理を味わってみたい。

レストラン「三國」の予約はいつからスタートするのだろうか?

——作詞家

この作品は二〇二二年十二月小社より刊行されたものです。

幻冬舎文庫

●好評既刊
他言せず
天野節子

顔馴染みの御用聞が、配達の途中で行方不明になる。警察は店の台帳をもとに彼らの配達先を訪ねるが、皆なぜか口を閉ざす。倉元家の女中もまたお屋敷で見た「あること」を警察に言えずにいた。

●好評既刊
謎解き広報課
わたしだけの愛をこめて
天祢　涼

よそ者の自分が広報紙を作っていいのかと葛藤する新藤結子。ある日、取材先へ向かう途中で町を大地震が襲う。広報紙は、大切な人たちを救うことができるのか。シリーズ第三弾！

●好評既刊
砂嵐に星屑
一穂ミチ

舞台は大阪のテレビ局。腫れ物扱いの独身女性アナ、ぬるく絶望している非正規AD……。一見華やかな世界の裏側で、それぞれの世代にそれぞれの悩みがある。前を向く勇気をくれる連作短編集。

●好評既刊
人生はどこでもドア
リヨンの14日間
稲垣えみ子

海外で暮らしてみたい――長年の夢を叶えるべくフランスへ。言葉はできないがマルシェで買い物。カフェでギャルソンの態度に一喜一憂。観光なし外食なしでも毎日がドキドキの旅エッセイ。

●好評既刊
［新装版］暗礁（上）（下）
黒川博行

警察や極道と癒着する大手運送会社の巨額の裏金にシノギの匂いを嗅ぎつけるヤクザの桑原。彼に唆されて、建設コンサルタントの二宮も闇の金脈に近づく……。「疫病神」シリーズ、屈指の傑作。

幻冬舎文庫

●好評既刊
情事と事情
小手鞠るい

浮気する夫のため料理する装幀家、仕事に燃えるフェミニスト、若さを持て余す愛人。甘い情事の先に醜い修羅場が待ち受けるが――。恋愛小説の名手による上品で下品な恋愛事情。その一部始終。

●好評既刊
無明
警視庁強行犯係・樋口顕
今野　敏

所轄が自殺と断定した事件を本部捜査一課・樋口は再び捜査。すると所轄からは猛反発を受け、本部の上司からは激しく叱責されてしまう……。組織の狭間で刑事が己の正義を貫く傑作警察小説。

●好評既刊
神様、福運を招くコツはありますか?
桜井識子

神様から直接教えてもらった福運の招き方を紹介。縁起物のパワーを引き出して運を強くする方法とは? 神様がくれるサインはどんなものがある? 神仏のご加護で人生を幸転させるヒントが満載。

●好評既刊
1万人の女優を脱がせた男
新堂冬樹

AV制作会社のプロデューサー、花宮。女性をAV女優へと導きカネを稼ぐのが仕事だ。業界歴十二年、初めて見つけた逸材の華々しいデビューに奔走するが、〝反社〟が経営する他社の横槍が入る。

●好評既刊
グレートベイビー
新野剛志

美しきDJ鞠家は、自分の男根を切り落とした男に再会する。女を装いSEXに誘い復讐を果たすが――。今夜も〝グレートベイビー〟が渋谷を焼き尽くす。それは新世界の創造か、醜き世界の終焉か。

幻冬舎文庫

●好評既刊
終止符のない人生
反田恭平

いたって普通の家庭に育ちながら、ショパンコンクール第二位に輝き、さらに自身のレーベル設立、オーケストラを株式会社化するなど現在進行形で革新を続ける稀代の音楽家の今、そしてこれから。

●好評既刊
もどかしいほど静かなオルゴール店
瀧羽麻子

誰もが、心震わす記憶をしまい込んでいる。音楽が〝その扉〟を開ける奇跡の瞬間を、あなたは7度、この小説で見ることになる！「お客様の心の曲」が聞こえる不思議な店主が起こす、感動の物語。

●好評既刊
太陽の小箱
中條てい

「弟がどこで死んだか知りたいんです」。〝念力研究所〟の貼り紙に誘われ商店街事務所にやってきた少年・カオル。そこにいた中年男・オショさん、不登校少女・イオと真実を探す旅に。

●好評既刊
脱北航路
月村了衛

祖国に絶望した北朝鮮海軍の精鋭達は、拉致被害者の女性を連れて日本に亡命できるか？　魚雷が当たれば撃沈必至の極限状況。そこで生まれる感涙の人間ドラマ。全日本人必読の号泣小説！

●好評既刊
作家刑事毒島の嘲笑
中山七里

右翼系雑誌を扱う出版社が放火された。思想犯のテロと見て現場に急行した公安の淡海は、作家兼業の刑事・毒島と事件を追うことに。テロは防げるのか？　毒舌刑事が社会の闇を斬るミステリー。

幻冬舎文庫

●好評既刊
迷うな女性外科医
泣くな研修医7
中山祐次郎

佐藤玲は三一歳の女性外科医。デートより手術の腕を上げることに夢中で、激務の日々も辛くない。そんな中、新人時代の憧れだった辣腕外科医が入院してくる。直腸癌、ステージ4だった――。

●好評既刊
メガバンク無限戦争
頭取・二瓶正平
波多野　聖

真面目さと優しさを武器に、専務にまで上り詰めた二瓶正平。だが突如、頭取に告げられたのは、無期限の休職処分だった。意気消沈した二瓶だったが……。「メガバンク」シリーズ最終巻！

●好評既刊
ママはきみを殺したかもしれない
樋口美沙緒

手にかけたはずの息子が、目の前に――。今度こそ、私は絶対に〝いいママ〟になる。あの日仕事を選んでしまった後悔、報われない愛、亡き母の呪縛。「母と子」を描く、息もつかせぬ衝撃作。

●好評既刊
できないことは、がんばらない
pha

「会話がわからない」「何も決められない」「今についていけない」――。でも、この「できなさ」こそ、自分らしさだ。不器用な自分を愛し、できないままで生きていこう。

●好評既刊
降格刑事
松嶋智左

元警視の司馬礼二は、不祥事で出世株から転落したダメ刑事。ある日、新米刑事の犬川椋と女子大生失踪案件を追うことになるが、彼女はある秘密を抱えていたようで――。傑作警察ミステリー。

三流《さんりゅう》シェフ

三《み》國《くに》清《きよ》三《み》

令和7年1月10日　初版発行

発行人――石原正康
編集人――高部真人
発行所――株式会社幻冬舎
〒151-0051東京都渋谷区千駄ヶ谷4-9-7
電話　03(5411)6222(営業)
　　　03(5411)6211(編集)
公式HP　https://www.gentosha.co.jp/
印刷・製本―TOPPANクロレ株式会社
装丁者――高橋雅之

幻冬舎文庫

ISBN978-4-344-43448-6　C0195　み-38-1

この本に関するご意見・ご感想は、下記アンケートフォームからお寄せください。
https://www.gentosha.co.jp/e/